Siberian Husky

Dorle Linzenmeier

Siberian Husky

Auswahl · Haltung · Erziehung · Sport

FALKEN

Inhaltsverzeichnis

Inhaltsverzeichnis

Wichtiges auf einen Blick

S. 17 Übersicht: Die anderen Schlittenhunderassen
S. 21 Tabelle: Finanzielle Aufwendungen
S. 35 Tabelle: Entwicklung vom Neugeborenen bis zum erwachsenen Hund
S. 53 Checkliste: Grundausrüstung für den Schlittenhundesport
S. 56 Übersicht: Gesundheitsrisiken bei falscher Arbeitsbelastung
S. 57 Checkliste: Ausrüstung für ein Pulkagespann
S. 58 Checkliste: Ausrüstung für ein Gespann von zwei oder mehr Hunden
S. 59 Übersicht: Schlittenhundesportveranstaltungen
S. 66 Übersicht: Die wichtigsten Vitamine
S. 73 Übersicht: Impfplan
S. 82 Tabelle: Häufige Verletzungen und Erkrankungen
S. 86 Checkliste: Voraussetzungen für die Zucht

Die Geschichte des Siberian Husky

Ursprungsheimat Sibirien

Heute trifft man auf diese faszinierenden, ursprünglichen Hunde überall in der Welt, auch in wärmeren Gefilden, aber ihre eigentliche Heimat ist das nördliche Sibirien. Jahrtausendelang waren sie unentbehrliche Begleiter der dort lebenden Nomadenvölker, wie zum Beispiel der Tschuktschen.
Die Hunde halfen bei der Jagd und zogen die Schlitten mit der Beute nach Hause – Hundeschlitten waren für die Menschen dort das einzige Fortbewegungsmittel. Die Winter in dieser Region sind lang und bitterkalt. Tempera-

Siesta im Schnee – Siberian Huskies sind exzellent an kalte Umgebungstemperaturen angepasst

turen von mehr als −40 °C sind keine Seltenheit, und häufig fegt ein eiskalter Sturm über dieses weite Land. Mensch und Tier, völlig aufeinander angewiesen, fristeten ein genügsames Leben in dieser eisigen Kälte.

Geprägt wurden die Hunde, die wir heute unter der Rassebezeichnung „Siberian Husky" kennen, vor allem durch die Kargheit ihrer Heimat und die Unbilden der Natur. Ihr dichtes Fell mit weicher Unterwolle und etwas härterem Deckhaar, die möglichst kleinen, pelzigen Stehohren, die buschige Rute und die fest geschlossenen Pfoten sind Merkmale dafür, dass diese Hunde im Norden Sibiriens prima zurechtkamen. Darüber hinaus hatten aber auch die Tschuktschen und andere Nomadenvölker großen Einfluss auf die Entwicklung der Rasse. Sie betrieben eine strenge Zuchtauslese: Nur die arbeitsfähigsten Hunde durften sich fortpflanzen. Lediglich ausgewählte Rüden kamen in den Genuss, eine Hündin zu decken, die anderen wurden kastriert. Auf diese Weise konnten auch Raufereien der Hunde untereinander in Grenzen gehalten werden. Durch die Kastration der Rüden (siehe S. 80) verringerte man außerdem das Risiko, dass sich die Tiere im Geschirr verletzten. Denn damals wurden die Zugleinen zwischen den Beinen der Hunde geführt.

Trächtige Hündinnen oder die Welpen nahmen die Tschuktschen auch schon mal als Spielkameraden für die Kinder mit in die „Koten", die Wohnzelte. Dadurch entwickelte sich im Laufe der Jahrtausende ein Hundetyp mit großer Menschenfreundlichkeit. Die stets neugierigen, temperamentvollen und unternehmungslustigen Hunde waren andererseits aber sehr selbstständig, und auch heute noch fehlt ihnen die vielen Hunderassen eigene Unterwerfungsbereitschaft. Ebenfalls bis in unsere Zeit sind sie sehr ausdauernde Arbeitshunde geblieben, mit einem hervorragenden Orientierungssinn, einer hohen Intelligenz und einem ausgezeichneten Gedächtnis. Das befähigt sie zum Beispiel, einen Weg, den sie vor Jahren einmal gelaufen sind, wiederzuerkennen. Auf Rennveranstaltungen kann das sogar hinderlich sein, wenn nämlich früher die Streckenführung eine andere war.

Sein Siegeszug in Alaska

Zur Zeit des Goldrausches waren auch in Alaska in den entlegenen, unwegsamen Regionen Hundeschlitten noch das einzige Transportmittel. Kein herumlaufender Straßenhund konnte sicher sein, nicht vor einen Schlitten

gespannt zu werden. Es war bei den Goldsuchern zudem sehr beliebt, in der Freizeit Schlittenhunderennen auszutragen. Eines davon war das „All Alaska Sweepstakes" in Nome, ein Rennen über 408 Meilen. Im Jahr 1909 lief dort das erste Schlittenhundegespann mit Hunden aus Sibirien mit und belegte den dritten Platz. Damit war das Interesse an diesen Hunden geweckt, die von vielen zunächst spöttisch als „sibirische Ratten" bezeichnet wurden, und weitere Hunde aus Sibirien wurden importiert. In den 3 Jahren, bevor dann wegen des Ersten Weltkrieges keine Schlittenhunderennen stattfanden, waren immer die „Importe" aus Sibirien die Gewinner des „All Alaska Sweepstakes". Der erfolgreiche Musher war Leonhard Seppala, ein norwegischer Goldsucher, dessen Name auch eng mit der Rassegeschichte des Siberian Husky verbunden ist (siehe S. 10).

Das „Serum-Rennen"

Als im Januar 1925 in Nome eine Diphtherieepidemie ausbrach, machte wieder Leonhard Seppala von sich reden. Es gab in der Stadt keinen lebensrettenden Impfstoff. Die einzige Möglichkeit, diesen aus dem mehr als 600 Meilen von Nome entfernten Nenana herbeizuschaffen, war, eine

Hundestafette einzusetzen. Seppala fuhr von Nome aus mit einem Gespann sibirischer Hunde der Stafette entgegen. Er war 316 Meilen unterwegs, als er in Nulato am Yukonfluss auf das Gespann mit dem Serum stieß. Weil die Zeit so drängte, fuhr er nach der Übernahme des Impfstoffes trotz eines heftigen Schneesturmes zurück in Richtung Nome. Obwohl sein Gespann natürlich lieber ausgeruht hätte, „motivierte" der ausdauernde Leithund „Togo" die Meute und führte das Team sicher zurück. Die letzte Etappe nach Nome bewältigte dann ebenfalls ein sibirisches Gespann mit Leithund „Balto" und Schlittenhundeführer Gunnar Kaasen. So traf nach 5 Tagen das Serum aus Nenana in Nome ein. Zur Erinnerung an dieses erfolgreiche, für viele Menschen lebensrettende Ereignis steht in New York ein Denkmal von Balto – allen Schlittenhunden, die teilgenommen haben, zur Ehre. Auch das berühmte „Iditarod"-Rennen ist zum Gedenken an die Hundestafette von Nome ins Leben gerufen worden. Seit Jahren machen sich jedes Jahr im März in Anchorage, Alaska, viele Musher mit ihren Hundeschlitten auf die 1 000 Meilen lange Reise nach Nome. Bevorzugt werden Alaskan Huskies (siehe S. 16) eingespannt, aber in jedem Jahr ist auch das eine oder andere

Beginn der Reinzucht

Im Alaska der 20er Jahre hatte kaum einer der Schlittenhundeführer Interesse an einer so genannten Reinzucht. Man verpaarte verschiedene Hundetypen und achtete dabei auf Leistungskriterien wie Stärke, Ausdauer etc. Das äußere Erscheinungsbild war Nebensache. Einen offiziellen Rassestandard gab es noch nicht. Erst als Seppala 1926 mit 43 seiner Hunde von Alaska nach Neu England ging, weckte dort Elizabeth Ricker, die fasziniert war von den sibirischen Hunden, das Interesse für die Zucht. Vom „American Kennel Club" (vergleichbar dem Verband für das deutsche Hundewesen e.V. in Deutschland) wurden 1930 die ersten Siberian Huskies registriert. Mit ihnen züchtete man dann gezielt weiter. Ihren Rassenamen erhielten die Hunde durch die Einwanderer, die aus den südlichen US-Bundesstaaten nach Alaska kamen. Sie nannten die Eskimos „Huskies", deren Hunde „Eskimo-Huskies" und zum Unterschied davon die Hunde aus Sibirien „Siberian Huskies". Heute gibt es unzählige Züchter in den USA, die den Siberian Husky züchten. Allerdings ist dort der Kreis der Schlittenhundesportler, die den Siberian Husky dem so genannten Alaskan Husky (siehe S. 16) vorziehen, klein.

Siberian Huskies in ihrem Element

reine Siberian Husky-Gespann unter den Teilnehmern. Die schnellsten Gespanne benötigen je nach Wetter um die 10 Tage für die Strecke von Anchorage nach Nome.

Kleines Rasseporträt

Der Rassestandard

In einem Rassestandard wird für die jeweilige Rasse ein Idealbild definiert. Der Grad der Übereinstimmung eines Rassevertreters mit dem Rassestandard entscheidet darüber, ob das Tier zur Zucht eingesetzt wird und ob seine Nachkommen Ahnentafeln erhalten. Der erste Rassestandard für die Rasse „Siberian Husky" wurde 1930 vom Siberian Husky Club von Amerika erstellt und beim AKC hinterlegt. Daher gilt Amerika als das Ursprungsland für diese Rasse. Bis heute wurde dieser Standard mehrmals überarbeitet. Derzeit gilt die 6. Fassung, die 1990 vom AKC neu gebilligt wurde und bei der „Fédération Cynologique Internationale" (F.C.I.) als Standard No. 270 eingetragen ist. Die F.C.I. hat die vielen verschiedenen Hunderassen in 10 Gruppen eingeteilt. Der Siberian Husky gehört zu der Gruppe 5 „Spitze und Hunde vom Urtyp", Sektion 1 „Nordische Schlittenhunde ohne Arbeitsprüfung".

Äußeres Erscheinungsbild

Der Siberian Husky ist ein mittelgroßer Arbeitshund, schnell, leichtfüßig, frei und elegant in der Bewegung. Sein mäßig kompakter, dicht behaarter Körper, die aufrecht stehenden Ohren und die buschige Rute weisen auf die nordische Herkunft hin. Seine charakteristische Gangart ist fließend und anscheinend mühelos. Er ist auch heute noch ein hervorragender Schlittenhund und vermag leichtere Lasten in mäßigem Tempo über große Entfernungen zu

Ein Auge blau, das andere braun, auch das erlaubt der Rassestandard

ziehen. Die Proportionen und die Form seines Körpers spiegeln das grundlegend ausgewogene Verhältnis von Kraft, Schnelligkeit und Ausdauer wider.

Kopf

Die mandelförmigen, schräg gesetzten **Augen** können blau oder braun sein, auch akzeptiert wird ein blaues und ein braunes Auge oder mehrfarbige Augen. Der **Schädel** ist von mittlerer Größe, passend zum Körper, oben leicht gerundet und sich von der breitesten Stelle zu den Augen hin verjüngend. Der **Stop** (Absatz von Stirn zum Nasenrücken) ist gut ausgeprägt und der Nasenrücken gerade. Die **Schnau-** ze (Fang) ist von mittlerer Breite und wird zur Nase hin allmählich schmaler, jedoch nicht zu spitz oder zu breit endend. Der **Nasenschwamm** ist schwarz bei grauen, lohfarbenen und schwarzen Hunden und leberfarben bei kupferfarbenen Hunden. Bei rein weißen Hunden kann er fleischfarben sein. Die „Schneenase" mit dem rosafarbenen Streifen in der Mitte ist erlaubt. Die Lefzen sind gut anliegend, das Gebiss ist ein Scherengebiss: Die Schneidezähne des Oberkiefers überlappen ohne Zwischenraum die Schneidezähne des Unterkiefers. Die **Ohren** sind von mittlerer Größe, dreieckig, hoch angesetzt, dick, auch in-

nen gut behaart, aufrecht stehend, mit leicht abgerundeten Spitzen. Der Hals ist von mittlerer Länge und gebogen.

Rute

Die Rute ist dicht behaart in Form einer Fuchslunte und wird meist in einem eleganten, sichelförmigen Bogen uber dem Rücken getragen; sie soll sich nicht ringeln und auch nicht auf den Rücken aufgelegt getragen werden.

▬▬▬ *Diese Farbgebung wird „pinto" genannt (Abb. links).*
Bei kupferfarbenen Hunden ist das Hautpigment – am Nasenschwamm gut sichtbar – leberfarben (Abb. rechts)

Körperbau

Die Brust ist tief und kräftig, aber nicht zu breit, die tiefste Stelle liegt auf der Höhe des Ellbogens. Der Rücken ist von mittlerer Länge und gerade, die Kruppe leicht abfallend. Die Länge des Körpers, gemessen vom Schultergelenk bis zum Sitzbeinhöcker, übertrifft ein wenig die Widerristhöhe, das heißt, das Gebäude des Hundes ist rechteckig. Vorder- und Hinterhand sind gut gewinkelt und gut bemuskelt. Die Länge der Läufe vom Ellbogen bis zum Boden ist etwas größer als der Abstand vom Ellbogen bis zum Schulterblattkamm. Von vorne, beziehungsweise von hinten betrachtet, stehen die Läufe

parallel zueinander in mäßigem Abstand. Die Pfoten sind von mittlerer Größe, kompakt, zwischen den Zehen gut behaart und oval, aber nicht lang.

Haarkleid und Farbe

Das Haarkleid des Siberian Husky ist doppelt und mittellang, hat ein schönes, pelzartiges Aussehen, ist aber niemals so lang, dass es die klaren Außenlinien des Hundes verdeckt. Die Unterwolle ist weich und dicht und von genügender Länge, um das etwas härtere Deckhaar zu stützen. Alle Farben von schwarz bis rein weiß sind erlaubt. Eine Vielfalt von Zeichnungen

am Kopf ist üblich, einschließlich mancher auffallender Abzeichen, die bei anderen Rassen nicht zu finden sind.

Größe und Gewicht

Die Widerristhöhe beträgt für Rüden 53–60 cm, für Hündinnen 51–56 cm. Rüden wiegen 20–27 kg und Hündinnen 16–23 kg. Das Gewicht steht im richtigen Verhältnis zur Widerristhöhe. Die genannten Größen und Gewichte bezeichnen die äußersten Grenzen ohne einem Extrem den Vorzug zu geben. Übermäßige Knochenstärke und Übergewicht sind nicht erwünscht.

Stop
Fang
Widerrist
Rute
Lende
Kruppe
Sitzbeinhöcker
Vorbrust
Knie
Ferse
Vorderfuß-wurzelgelenke
Ellbogen

Fehler

Disqualifizierende Eigenschaften sind Übergröße, ein vom Scherengebiss abweichender Gebissschluss in Form eines Rückbisses oder Vorbisses und Aggressivität gegen Menschen. Rüden sollten zwei offensichtlich normal entwickelte Hoden aufweisen, die sich vollständig im Hodensack befinden.

Charakter und Wesensmerkmale

Der Rassestandard beschreibt den Siberian Husky als freundlich, sanftmütig, aufmerksam, kontaktfreudig und weder Fremden noch anderen Hunden gegenüber misstrauisch oder aggressiv. Von einem erwachsenen Hund darf ein gewisses Maß an Würde und Zurückhaltung erwartet werden.

Die besitzbetonenden Eigenschaften eines Wachhundes fehlen einem Siberian Husky in der Tat, zum Fernhalten oder Vertreiben von Einbrechern ist er nicht der Richtige. Gäste – egal ob gebetene oder ungebetene –, die er mag, wird er freudig begrüßen, die anderen nicht weiter beachten. Auch eignet er sich nicht als Schutzhund. Sein selbstständiges Wesen macht ihn eher zu einem guten Kumpel, vorausgesetzt er hat als Welpe gelernt, sich in die Menschen-familie – sprich sein „Rudel" – einzu-fügen, als zu einem gefügigen Unter-tan. Kadavergehorsam sollte man von einem Siberian Husky nicht erwarten, denn ihm fehlt die vielen Hunderassen eigene Unterwerfungsbereitschaft. In-nerhalb der Familie sucht er sich seine Bezugsperson selbst aus – oft zur Über-raschung desjenigen, der seine Zunei-gung erobern will. Jedoch ist er nie-mals ein sogenannter Einmannhund wie zum Beispiel der Chow-Chow. Er betrachtet seine Familie als sein Rudel, welchen Platz er darin einnimmt, soll-ten allerdings „seine" Menschen be-stimmen (siehe auch S. 33 ff.).

Wichtig: Der Siberian Husky braucht Gesellschaft und Bewegung!

Wenn Sie seine Bedürfnisse erfüllen und ihn körperlich und geistig fordern, so ist er ein sehr anpassungsfähiger Hund. Stets neugierig und unterneh-mungslustig, liebt er es, Sie auf Ihren Unternehmungen in der freien Natur zu begleiten, seien es lange Wanderun-gen oder Rad- oder Skitouren in ge-eignetem Gelände. Erhält der Siberian Husky allerdings nicht genug Aufmerk-samkeit und Auslauf, so ist er schnell gelangweilt und kommt auf dumme Gedanken. Dann kann es passieren, dass er versucht, aus dem Garten auszubrechen, oder er „heult sich seinen Kummer von der Seele" – zum Ärger der Nachbarn – , gräbt die Gartenbeete um oder stellt die Wohnung auf den Kopf.

Gerade im Zusammenhang mit seinem Bewegungsdrang ist eine weitere Eigenschaft des Siberian Husky zu nennen: Viele Hunde dieser Rasse besitzen einen ausgeprägten Jagdtrieb. Dieser wird im Schlittenhundesport insoweit genutzt, als er Teil der Lust am Laufen in der Meute (bzw. im Gespann) ist.

Wichtig: Grundsätzlich gehört der Siberian Husky bei allen Unternehmungen im Freien an die Leine. Vertreter dieser Rasse, die man zuverlässig in jedem Gelände frei laufen lassen kann, sind nämlich außerordentlich selten.

Jeder, der entschlossen ist, einen solchen Hund in die Familie aufzunehmen, muss sich also darauf einstellen, dass er in Zukunft ein paar Stunden des Tages gemeinsam mit seinem Hund bei Wind und Wetter durch die Natur streift – flott marschierend, joggend, per Rad oder bei Schnee eventuell auf Langlaufskiern.

Die Samojeden – hier ein cremefarbener Rassevertreter – sind auch beliebte Familienhunde

Die anderen Schlittenhunderassen

Der Siberian Husky wird bei uns häufig nur als „Husky" bezeichnet. Diese Kurzform ist allerdings ungenau, denn es gibt noch einen weiteren Husky, den Alaskan Husky. Er wird nahezu ausschließlich für den Schlittenhundesport gezüchtet, allerdings ohne die Auflagen und Einschränkungen eines Rassestandards. Alaskan Huskies sind also keine eigenständige Rasse. Neben dem Siberian Husky gibt es aber noch drei weitere Schlittenhunderassen, die von der F.C.I. anerkannt sind. Sie werden in der nachfolgenden Tabelle kurz vorgestellt. Wie die Siberian Huskies stammen auch sie aus Regionen nördlich des Polarkreises.

Alaskan Malamute **Grönlandhund** **Samojede**

Herkunftsland:
USA, FCI-Standard-Nr. 243

Erscheinungsbild:
Körperbau: groß; kräftig; tiefe Brust; gut bemuskelt; kräftiger Kopf; relativ kleine Stehohren; Rute in Form einer Schmuckfeder über dem Rücken getragen
Größe: Rüden ca. 63 cm; Hündinnen ca. 58 cm
Haarkleid: Doppelmantel; Deckhaar dicht, fest; Unterwolle weich, ölig
Farbe: schwarz mit weißen Abzeichen, verschiedene Grautöne mit Weiß, rein weiß; Nasenpigment schwarz; Augenfarbe braun (keine blauen Augen erlaubt)

Wesen und Charakteristika:
Der Alaskan Malamute hat ein freundliches Wesen, ist kein „Einmannhund". Er beeindruckt durch seine Würde, hat jedoch auch einen ausgeprägten eigenen Willen. Aufgrund seiner Fähigkeit, große Lasten zu ziehen, wird er auch die „Frachtlokomotive des hohen Nordens" genannt. Er eignet sich nicht für eine Schutzhundausbildung.

Herkunftsland:
Grönland, FCI-Standard-Nr. 274

Erscheinungsbild:
Körperbau: sehr kräftig; groß; breite Brust; gut bemuskelt; breiter, gewölbter Oberkopf; kleine Stehohren; Rute über dem Rücken eingerollt getragen
Größe: Rüden ca. 60 cm; Hündinnen ca. 55 cm
Haarkleid: Doppelmantel; dichtes, glattes, hartes Deckhaar; dichte, weiche Unterwolle
Farbe: alle Farben, sowohl einals auch mehrfarbig; Nasenpigment passend zur Fellfarbe; ebenso die Farbe der Augen (keine blauen Augen erlaubt)

Wesen und Charakteristika:
Der Grönlandhund ist der ursprünglichste der vier Schlittenhunderassen. Als äußerst selbstständiger Hund benötigt er eine konsequente Erziehung. Er ist ein ausdauernder und harter Arbeitshund, der auch Gelegenheit zum regelmäßigen Einsatz als Schlittenhund haben soll. Er eignet sich nicht für eine Schutzhundausbildung.

Herkunft:
Nordische Länder, FCI-Standard-Nr. 212

Erscheinungsbild:
Körperbau: fast quadratisch; mittelgroß; breite, tiefe Brust; gut bemuskelt; kleine, dicht behaarte Stehohren; Rute wird über dem Rücken oder an der Seite aufgelegt getragen
Größe: Rüden ca. 57 cm; Hündinnen ca. 53 cm
Haarkleid: Doppelmantel; langes gerades, hartes Deckhaar; kurze, weiche, dichte Unterwolle; an Hals und Schultern ein üppiger „Kragen"
Farbe: weiß, creme oder weiß mit biskuit; schwarzes Nasenpigment; dunkelbraune Augen (keine blauen Augen erlaubt)

Wesen und Charakteristika:
Der Samojede hat ein freundliches, selbstständiges Wesen. Er benötigt eine konsequente Erziehung, auch um von vornherein eine Veranlagung zum Bellen zu unterbinden. Er eignet sich nach wie vor als Schlittenhund. Doch auch als Familienhund gehalten macht der Samojede viel Freude. Er eignet sich nicht für eine Schutzhundausbildung!

Überlegungen vor dem Kauf

Passt ein Siberian Husky in Ihr Leben?

Bevor die Entscheidung für eine bestimmte Hunderasse fällt, sind eine Menge Überlegungen nötig. Schließlich soll die richtige Wahl für Mensch und Hund der Beginn für eine ein Hundeleben lang währende Freundschaft sein. „Drum prüfe, wer sich ewig bindet …" – dieses Sprichwort gilt ganz besonders, wenn der zukünftige Hund ein Siberian Husky sein soll. Durch sein attraktives Erscheinungsbild, seine wache, aufmerksame Art und durch sein Flair von Ursprünglichkeit zieht er unsere Aufmerksamkeit auf sich.

Aber wer sich für diese Rasse interessiert, sollte genau wissen, auf was er sich einlässt:

Siberian Huskies lieben die Bewegung in der freien Natur. Sie sind daher keine Hunde für Stubenhocker oder „Schön-Wetter-Spaziergänger".

Aufgrund seines Jagdinstinktes und seines selbstständigen Wesens können Sie einen Siberian Husky in der Regel nur angeleint ausführen.

Andernfalls wird er höchstwahrscheinlich – berauscht von seinem Glück, frei durch die Landschaft zu „fliegen" – auf kein Rufen, Pfeifen, Locken hören und erst nach langem, bangem Warten zurückkommen, allerdings ohne eine Spur von Demut!

Wenn ein erwachsener Siberian Husky kräftig an der Leine zieht, müssen Sie schon enorme Kraft aufwenden, um ihn zu halten. Denn das Neunfache ihres Körpergewichts ziehen diese Hunde locker vom Fleck.

Ein Siberian Husky freut sich über jede Abwechslung und begrüßt daher in der Regel auch Fremde mit freundlichem Interesse. Sollten Sie sich einen Wachhund wünschen, ist diese Rasse nicht die richtige für Sie.

Von diesem Hund dürfen Sie keinen absoluten Gehorsam und keine Unterwürfigkeit erwarten. Die Rasse hat sich bis heute ihre Selbstständigkeit bewahrt.

Ein Siberian Husky braucht Gesellschaft. Obwohl er aufgrund seiner Robustheit auch gut im Freien in einem Zwinger leben könnte, würde er dort alleine seelisch verkümmern.

Während der Zeit des Haarwechsels (siehe auch S. 47) werden Sie auch im allerletzten Winkel Ihrer Wohnung noch seine herumfliegenden Haare finden.

Energiegeladen stürmen die Hunde los

Wenn Sie einmal ein Schlittenhundegespann beobachtet haben, so werden Sie von der Begeisterung, mit der die Hunde loslaufen, und von ihrer Zufriedenheit nach getaner Arbeit beeindruckt sein. Vielleicht sind Sie dann überzeugt, dass ein Siberian Husky auch angeleint ein glückliches Leben führen kann – wenn nicht, sollten Sie Ihr Interesse auf eine andere Hunderasse lenken.

Für Ihre Kinder ist der Siberian Husky sicher ein freundlicher Spielgefährte, besonders wenn er von „Welpenbei-

nen" an Kontakt zu Kindern hatte. Er wird sie als Kumpel betrachten, aber nicht allzu ernst nehmen. Jüngere Kinder sollten allein keine Spaziergänge mit ihm unternehmen, da er als Schlittenhund kräftig an der Leine zieht und einige Kraft nötig ist, um den Hund zu halten.

Wenn der Siberian Husky von klein auf eine liebevolle, aber konsequente Erziehung genießt, wird er ein anpassungsfähiges Familienmitglied werden. Seine Streicheleinheiten holt er sich aber nur, wenn er sie braucht, und nicht, wenn Sie es wollen.

Nur wenn Sie sich mit den genannten Eigenschaften dieses Hundes abfinden – oder noch besser, anfreunden – können und bereit sind, die nächsten 12 oder mehr Jahre täglich etwa 3 Stunden mit ihm im Freien zu verbringen, dann ist er der Richtige für Sie.

Wie hoch ist der finanzielle Aufwand?

Zunächst ist da einmal der nicht unerhebliche Anschaffungspreis. Er liegt zwischen 1.200 und 1.800 DM. Weiter entstehen Kosten für die Erstausstattung (siehe auch S. 27). Da der Siberian Husky ein guter Futterverwerter ist, benötigt er erfreulicherweise kleinere Portionen als ein gleich großer Hund einer anderen Rasse. Die Futterkosten liegen bei 50–60 DM im Monat. Weiterhin fallen Ausgaben für das jährliche Impfen und das regelmäßige Entwurmen an. Wenn der Siberian Husky auch ein gesunder, robuster Hund ist, so kann es doch einmal sein, dass zusätzlich noch der eine oder andere Tierarztbesuch nötig sein wird, vor allem beim älteren Hund. Schließlich müssen Sie Ihren Hund bei Ihrer Stadt oder Gemeinde anmelden, denn in Deutschland ist die Hundesteuer Pflicht und wird von den Städten und Gemeinden eingezogen. Eine Hundehaftpflichtversicherung ist nicht vorgeschrieben, doch werden Schäden, die der Hund verursacht, nicht von der Familienhaftpflicht gedeckt. Eine Krankenversicherung für Ihren Siberian Husky abzuschließen ist ebenfalls Ihre Entscheidung. Die meisten Versicherungen zahlen allerdings nur im Krankheitsfall und nach Unfällen, nicht aber für Impfungen und andere Routinevorsorgemaßnahmen. Auch für erbliche Krankheiten (wie z.B. Hüftgelenksdysplasie) kommen viele Krankenversicherungen nicht auf. Einen Überblick über die anfallenden Kosten gibt die nachfolgende Tabelle.

Finanzielle Aufwendungen

	einmalig	pro Jahr	pro Monat
Kaufpreis	ca. 1200–1800 DM		
Grundausstattung	ca. 200–300 DM		
Hundesteuer		ca. 120–280 DM	
Haftpflichtversicherung		ca. 100–150 DM	
Impfungen		ca. 100 DM	
Krankenversicherung		ca. 250 DM	
Futter			ca. 50–60 DM

Rüde oder Hündin?

Vergessen Sie zuerst einmal die weit verbreitete Meinung, dass Hündinnen anschmiegsamer und leichter lenkbar seien als Rüden. Diese Behauptung mag vielleicht auf manche Hunderassen zutreffen, für Siberian Husky-Hündinnen stimmt sie aber nicht. Sie sind ebenso selbstständig wie die Rüden. Verschmust sind beide Geschlechter, wenn ihnen danach ist, und ihren „eigenen Kopf" haben sie auch beide. Ein Rüde ist kräftiger und zieht daher stärker an der Leine. Wer aus der Familie wird meistens mit dem Hund gehen? Kann er mit dem stärkeren Rüden auch fertig werden? Dies sollten die Überlegungen sein, wenn es um die Entscheidung für oder gegen einen Rüden geht.

Eine Hündin wird zweimal im Jahr läufig. Sie hat dann für 2–3 Wochen mehr oder weniger starken blutigen Ausfluss aus der Scheide. Während dieser Zeit ist sie paarungsbereit und damit für Rüden sehr interessant. Das bedeutet, dass man sie besonders gut beaufsichtigen muss, damit sich kein unerwünschter Nachwuchs einstellt. Im Haus ist die läufige Hündin kein besonderes Problem, denn Huskies sind äußerst reinlich und betreiben eine intensive Körperpflege, fast wie Katzen.

Übrigens wird von Hündinnen dieser Rasse behauptet, sie seien intelligenter als ihre männlichen Artgenossen, und häufig sind die Leithunde im Gespann Hündinnen.

Welpe oder erwachsener Hund?

Für den Welpen spricht vieles: Sie können sich den Züchter aussuchen (siehe auch S. 25), Sie kennen Ihren zukünftigen neuen Hausgenossen schon Wochen, bevor er zu Ihnen kommt. Sie kennen seine Mutter, vielleicht auch seinen Vater und können alle Ihre Fragen mit dem Züchter bereden. Wenn dann der Tag kommt, an dem Ihr Welpe bei Ihnen einzieht, so können Sie ihn von Anfang an so prägen, dass er sich leicht in Ihren Alltag einfügt. Sie erleben sein Heranwachsen mit allen Hochs und Tiefs und können durch Ihre Erziehung auf seine Entwicklung Einfluss nehmen.

Wenn Sie sich für einen Welpen entscheiden, bedeutet dies aber anfangs auch einen enormen Zeitaufwand. Besonders in den ersten 6 Monaten braucht der Welpe sehr viel Ihrer Zeit. Schließlich kommt der Kleine sozusagen als unbeschriebenes Blatt zu Ihnen, die ganze Erziehungsarbeit,

██ *Bei vielen Familien bleibt es nicht bei einem Siberian Husky*

angefangen mit der Erziehung zur Stubenreinheit, ist Ihre Aufgabe. Anders sieht es aus, wenn Sie einen erwachsenen Hund in Ihre Familie aufnehmen. Dieser Hund hat schon seine Erfahrungen – sicher auch negative – gemacht und wurde geprägt durch das Umfeld, in dem er herangewachsen ist. Da der Siberian Husky kein Einmannhund ist, also nicht nur eine Bezugsperson hat, wird er sich auch in eine neue Familie einleben. Aber er braucht gewiss besonders am Anfang viel Zuwendung und Geduld. So manche Verhaltensweise, die Ihnen auffällt, wird in ihrer Herkunft rätselhaft bleiben – erworben oder angeboren, das Geheimnis wird nicht zu ergründen sein. Wenn Sie Neuling auf dem Gebiet der Hundehaltung sind, kann ein erwach-

sener Hund, der in seiner Vergangenheit schlechte Erfahrungen gemacht hat, Sie möglicherweise überfordern. Wenn Sie bereits Hundeerfahrung haben, sich aber nicht mehr dem lebhaften Treiben eines Welpen aussetzen wollen, dann ist ein erwachsener Siberian Husky eine Alternative.

Ein Siberian Husky bleibt selten allein ...

Ein Siberian Husky kann das ganze Familienleben völlig verändern, denn wenn über den einen Hund das Interesse an der Rasse oder gar am Schlittenhundesport geweckt wurde, so bleibt es selten bei nur einem Siberian Husky. Für viele Schlittenhundeliebhaber fing alles einmal mit einem Hund an. Dann kam der Sport und damit weitere Hunde. Die Lebensplanung orientierte sich von da an nur noch an diesem faszinierenden Hobby. Sie sollten sich daher vor dem Kauf eines Siberian Husky überlegen, ob Sie grundsätzlich die Möglichkeit haben, mehrere Hunde zu halten. Haben Sie die Möglichkeit nämlich nicht, wünschen sich später aber sehnlichst ein Siberian Husky-Rudel, so bedauern Sie vielleicht, sich für diese Rasse entschieden zu haben.

Augen auf beim Hundekauf!

Nachdem nun wirklich die letzten Zweifel gefallen sind, ob gerade der Siberian Husky der Hund der Wahl ist, können Sie sich auf die Suche nach Ihrem neuen vierbeinigen Hausgenossen machen.

Für den Fall, dass Sie nach einem erwachsenen Hund Ausschau halten, kann Ihnen sicher am besten ein Zuchtverband weiterhelfen (Adressen siehe Anhang). Oft nehmen nämlich Züchter ihre Tiere, die sie als Welpen vermittelt hatten, wieder zurück, wenn diese durch unglückliche Umstände (Scheidungswaisen, Tod des Besitzers etc.) herrenlos geworden sind. Die Züchter sind dann froh, wenn für diese Hunde ein neues Zuhause gefunden werden kann.

In seltenen Fällen landet auch im Tierheim einmal ein Siberian Husky, sodass sich dort eine Anfrage ebenfalls lohnen kann. Schließlich können Sie auch in Hundezeitschriften und Tageszeitungen ein Angebot für einen erwachsenen Hund finden.

Interessieren Sie sich für einen Welpen, so gilt es, einen guten, d.h. verantwortungsvollen Züchter zu finden. Wenden Sie sich hierzu am besten an den Verband für das Deutsche Hundewesen (VDH). Er ist der Dachverband für Deutschland und Mitglied in der F.C.I. Ihm sind alle diejenigen deutschen Rassehundezuchtvereine angeschlossen, die sich der strengen Zuchtüberwachung des nationalen und internationalen Verbandes unterwerfen. Über den VDH erfahren Sie dann die Adressen der Siberian Husky-Zuchtvereine. Diese Vereine wiederum sind bemüht, alle nötigen Informationen und auch Züchteradressen an Interessenten weiterzugeben.

Wenn Sie auf diesem Weg Adressen von Züchtern bekommen haben, so können Sie in der Regel davon ausgehen, dass diese Züchter sich an die Zuchtregeln des Vereins halten und nur mit Tieren, die eine Zuchterlaubnis besitzen, züchten.

Die Welpen sind bei der Abgabe geimpft und tätowiert, ein Zuchtwart des Vereins hat Zuchtstätte und Wurf besichtigt und seinen Bericht an die entsprechende Zuchtbuchstelle gegeben. Welpen von diesen Züchtern erhalten F.C.I.-anerkannte Abstammungsnachweise.

Wichtig: Neben den VDH-Mitgliedsvereinen gibt es in Deutschland viele andere, die Ahnentafeln ausstellen. Oft sind diese Zertifikate allerdings nicht das Papier wert, auf das sie gedruckt sind.

Züchter ist nicht gleich Züchter

Eine erste Voraussetzung auf dem Weg zu einem verantwortungsvollen, seriösen Züchter haben Sie bereits erfüllt, wenn Sie sich nur über den VDH um Züchteradressen bemühen.

Unser Tipp:

Besuchen Sie mehrere Züchter. Zum einen gibt es bei der Rasse des Siberian Husky eine große Typenvielfalt, zum anderen ist es ratsam, die Zuchtbedingungen zu vergleichen.

In jedem Fall ist Hundekauf Vertrauenssache – von beiden Seiten. Und weil Sie später bestimmt Fragen oder gar Probleme wegen Ihres Lieblings haben, sollte zwischen dem Züchter und Ihnen eine gewisse Sympathie bestehen. Darüber hinaus können Ihnen folgende Kriterien bei der Wahl des richtigen Züchters helfen:

Ein guter Züchter wird Ihnen „ein Loch in den Bauch" fragen, bezüglich Ihrer Möglichkeiten, einen Siberian Husky zu halten. Er wird Sie auch auf die Eigenschaften aufmerksam machen, die zu Problemen mit dem Hund führen können. Sie sollten

Spielerisch wird der Welpe auf den Menschen geprägt

nicht verärgert sein über seine Neugierde – er möchte für seinen Welpen nur das Beste.

In einer seriösen Zucht können Sie die Mutterhündin und eventuell auch weitere Verwandte sehen. Je nach Alter der Welpen ist die Mutter ständig oder zeitweise bei ihrem Nachwuchs. Viele Züchter unternehmen mit ihrer Hündin weite Reisen zu einem Deckrüden, den sie für besonders passend halten. Deshalb erkennt man einen guten Züchter nicht daran, ob er auch den Vater der Welpen besitzt.

Wenn die Hunde den Züchter freudig begrüßen, ist dies ebenfalls positiv zu bewerten. In diesem Fall können Sie davon ausgehen, dass er viel Zeit bei seinen Tieren verbringt, auch wenn sie draußen in einem Zwinger oder Gehege untergebracht sind.

Ein verantwortungsvoller Züchter wird Ihnen anbieten, den Welpen oder auch den ausgewachsenen Hund in wirklichen Notfällen wieder zurückzunehmen.

Schließlich wird sich ein Züchter, dem das Wohl seiner Hunde am Herzen liegt, freuen, wenn Sie „Ihren" Welpen regelmäßig bis zur Übergabe besuchen, und er wird auch nach Abgabe des Hundes in der Zukunft ein offenes Ohr für Ihre Probleme haben.

Unser Tipp:

Wenn Sie den richtigen Züchter und auch Ihren Traumwelpen gefunden haben, lassen Sie eine kleine Decke oder einen alten Pullover beim Züchter. So kann der Welpe schon Ihren Geruch mit dem Geruch seiner Hundefamilie verquicken. Dies wird ihm später die Eingewöhnung in sein neues Zuhause erleichtern.

Der neue Hund zieht ein

Was ist vorab zu tun?

Haben Sie sich für einen Junghund entschieden, gilt es, die Wohnung vor dem Einzug des neuen Hausgenossen „welpensicher" zu machen. Alle Gegenstände, die ihm gefährlich werden könnten (z.B. frei liegende Kabel, Stricknadeln etc.), sowie giftige Zimmerpflanzen, wie etwa Weihnachtssterne, müssen aus seiner Reichweite gebracht werden. Natürlich ist es sinnvoll, für die ersten Wochen auch wertvolle Vasen, Teppiche und Ähnliches aus dem „Aktionsradius" des quirligen Welpen zu entfernen.

Schließlich sollten Sie sich auf Ihren Vierbeiner auch dahingehend vorbereiten, dass Sie das richtige Zubehör bereits im Haus haben, wenn er einzieht.

Grundausstattung

Folgende Utensilien sollten Sie sich für Ihren zukünftigen Hausgenossen zulegen. Sie benötigen

eine Futterschüssel und eine Wasserschüssel von mittlerer Größe. Gut geeignet sind Schüsseln aus Cromargan.

einen Futtervorrat, falls Ihnen der Züchter nicht für die erste Zeit das Futter mitgibt, welches der Welpe gewohnt ist.

Halsband und Leine. Das Halsband muss natürlich der Größe des Hundes entsprechen und sich so einstellen lassen, dass es nicht über den Kopf rutscht. Es kann aus Leder gefertigt sein oder aus Schlauchband (siehe Abb.), wie es gerne von Schlittenhundesportlern verwendet wird. Die Leine kann aus Leder, hohlgeflochtenem Seil, oder Schlauchband bestehen, hier können Sie Ihren persönlichen Geschmack entscheiden lassen.

Halsband und Leine aus Schlauchband gefertigt

▬▬▬ eine Schlafunterlage. Es eignet sich eine normale Wolldecke oder auch eine spezielle Hundedecke, die sich leicht waschen lässt.

▬▬▬ einen Stahlkamm mit etwas breiteren Abständen zwischen den Zinken, eine Bürste und einen Metallstriegel. Sollte es beim älteren Hund nötig werden, die Krallen regelmäßig zu kürzen, so gibt es dafür im Fachhandel spezielle Krallenzangen.

Wie soll er heißen?

Sinnvollerweise sollte auch sein Name bereits feststehen, bevor der Hund zu Ihnen kommt.

Haben Sie sich für einen erwachsenen Siberian Husky entschieden, empfiehlt es sich, seinen bisherigen Namen beizubehalten. Auf diese Weise wird ihm die Gewöhnung an seine neue Umgebung nicht zusätzlich erschwert. Für einen Welpen wählen Sie am besten einen kurzen, möglichst zweisilbigen Namen, der freundlich klingt. Es muss nicht unbedingt der Name sein, der in seiner Ahnentafel steht. Hauptsache ist, er ist kein „Zungenbrecher" und lässt sich gut rufen.

Wichtig: Hunde reagieren freudig auf helle, freundliche Stimmen.

Die Eingewöhnung des Welpen

Endlich ist der ersehnte Tag da. Sie haben sich Urlaub genommen. Die notwendige Grundausstattung ist besorgt. Es steht auch kein Festtag mit viel Besuch und Trubel an – Sie haben einfach Zeit für den neuen Hausgenossen. Sie müssen sich vorstellen, wie fremd und allein der Welpe sich in der neuen Umgebung ohne Mutter und Geschwister fühlt. Deshalb sollte es für Sie selbstverständlich sein, dass er in der ersten Zeit immer in Ihrer Nähe ist, auch nachts. Bis er sich eingewöhnt hat und auch nachts durchschläft, ohne sich lösen zu müssen, sollten Sie bei ihm oder er bei Ihnen schlafen. Das ist kein Verwöhnen, sondern Vertrauen schaffen.

▬▬▬ *Seinen Futterplatz lernt der Welpe gewiss am schnellsten kennen*

Die Eingewöhnung des erwachsenen Hundes

Auch wenn Sie anstelle eines Welpen einen erwachsenen Hund in Ihr Leben holen, müssen Sie sich natürlich anfangs besonders viel Zeit für das neue Familienmitglied nehmen. Gerade der erwachsene Hund hat schon seine Eigenarten entwickelt. Vielleicht hat er bereits schlechte Erfahrungen gemacht, war eine Zeit lang im Tierheim oder ist schon durch mehrere Hände gegangen. Haben Sie daher Geduld mit ihm, denn auch er braucht am Anfang besonders viel Nähe und Zuwendung. Vielleicht zeigt er auch einige Unarten oder „vergisst" seine Stubenreinheit. Dann ist eine liebevolle, aber konsequente Erziehung nötig, mit viel Lob und Geduld. Schließlich möchten Sie ja vor allem erreichen, dass er Vertrauen zu Ihnen entwickelt.

Wichtig: Ob Welpe oder erwachsener Hund, das kurzzeitige Alleinebleiben müssen beide schrittweise lernen. Lassen Sie den Hund anfangs nur einige Minuten allein, und verlängern Sie dann allmählich die Dauer Ihrer Abwesenheit.

Kind und Hund

Der Siberian Husky ist von seiner Veranlagung her ein menschenfreundlicher Hund. Er wird sich daher auch Kindern gegenüber freundlich verhalten. Allerdings müssen Sie dafür sorgen, dass Ihre Kinder im Umgang mit dem Vierbeiner einige Grundsätze befolgen:

- Wenn der Hund schläft oder frisst, darf er nicht gestört werden.
- Auch wenn er gerade nicht gestreichelt werden möchte, muss das respektiert werden.
- Natürlich ist es auch tabu, den Hund zu ärgern, d.h. ihn beispielsweise zu kneifen oder an Rute oder Ohren zu ziehen.
- Bei einem Welpen ist das Knochenwachstum noch nicht abgeschlossen. Kleine Kinder, die ihn noch nicht welpengerecht hochheben können (siehe Abbildung S. 30), sollten ihn daher nicht herumtragen.

So halten Sie den Welpen richtig

Darüber hinaus sind Kinder unter 14 Jahren kaum in der Lage, mit einem Siberian Husky spazieren zu gehen, denn es liegt in seiner Natur als Schlittenhund, stark an der Leine zu ziehen, und da kann es doch viele Situationen geben, die Kind und Hund in Gefahr bringen.

Wichtig: Kleine Kinder oder gar Säuglinge sollten Sie mit keinem Hund unbeaufsichtigt lassen!

Schließlich sollten Sie vom Hund auch nicht allzu viel Respekt den Kindern gegenüber erwarten. Er wird sie als Rudelgenossen betrachten und ihre Kommandos kaum beachten. Je jünger die Kinder sind, umso weniger wird er sie ernst nehmen.

Der Siberian Husky und andere Haustiere

Den Jagdinstinkt des Siberian Husky gilt es mit ins Kalkül zu ziehen, wenn schon andere Haustiere, wie beispielsweise Katzen, Vögel, Meerschweinchen oder andere Kleintiere, bei Ihnen wohnen. Besonders Nagetiere und Vögel, die sich im Allgemeinen sehr schnell bewegen, wird er automatisch als Beute ansehen. Es kann daher problematisch werden, dem Hund beizubringen, dass diese Tiere für ihn tabu sind und zur Familie gehören. Dass Sie den erst ein paar Tage bei Ihnen lebenden Welpen oder auch erwachsenen Hund nicht mit einem Kleintier allein lassen, versteht sich von selbst.
Wie sich das Zusammenleben des Siberian Husky mit einer Katze entwickeln wird, hängt vom Verhalten beider ab. So gibt es zum Beispiel ängstliche Katzen, die vor jedem Hund die Flucht ergreifen, was im Hund den Verfolgungstrieb auslöst. Dass das für die Katze böse enden kann, liegt auf der Hand. Es gibt aber auch Katzen, die sich nicht einschüchtern lassen, meist sind sie es, die mit Hunden bestens zurechtkommen. Die Chancen auf ein friedliches Miteinander sind außerdem umso größer, je jünger beide Tiere sind, wenn sie zusammentreffen.

Der Welpe wächst heran

Die körperliche Entwicklung

Hundewelpen werden nach einer Tragzeit von etwa 63 Tagen geboren. Ein Siberian Husky wiegt bei seiner Geburt ca. 400–450 g und verdoppelt sein Gewicht bereits innerhalb der ersten 8–10 Lebenstage. Nach etwa 10–12 Tagen öffnet er die Augen und nach 18–20 Tagen beginnt er, mehr als nur Hell und Dunkel zu unterscheiden. Wenn Sie ihn mit etwa 10 Wochen

■ *Ein Blick in die Kinderstube –*
2 Wochen alte Siberian-Husky-Welpen
mit ihrer Mutter

Unser Tipp:

In der Zeit des Zahnwechsels hat der Welpe ein besonders starkes Bedürfnis, an allem zu nagen. Sie sollten ihm daher geeignete „Beißobjekte" zur Verfügung stellen. Im Zoofachhandel gibt es spezielles Welpenspielzeug, aber auch ein nicht splitterndes Stück Holz oder ein ausrangierter Hausschuh eignet sich.

bekommen, hat er noch sein Milchgebiss. Bis zum Alter von ca. 6 Monaten durchläuft er den Zahnwechsel, der durchaus auch bei Hunden schon mal Beschwerden machen kann. Knochen sind zur Befriedigung seines Kau- und Nagetriebes ungeeignet. Zum einen führen sie – in größeren Mengen gegeben – zu Verstopfung, zum anderen könnten sie splittern und so im Verdauungstrakt des Hundes zu Verletzungen führen. Für das in der Entwicklung befindliche Gebiss des Welpen sind sie unter Umständen auch zu hart.

Ausgewachsen ist der Hund mit etwa 9–12 Monaten, in seltenen Fällen auch noch später. Mit Erreichen seiner endgültigen Größe ist seine körperliche Entwicklung aber noch nicht abgeschlossen. Der Siberian Husky ist erst mit etwa 2½ – 3 Jahren körperlich ein „fertiger" Hund, denn so lange dauert die Ausreifung des Skelettes.

Wichtig: Vor allem an den Gelenken sind durch falsche Ernährung, zu viel Bewegung und daraus resultierende Überbelastung Entwicklungsstörungen möglich, die zu bleibenden Schäden führen können.

Wie viel Bewegung braucht der Junghund?

Jeder hat Ihnen beim Einzug des kleinen Welpen gesagt: So ein Husky, der braucht aber viel Bewegung. Diesen Satz vergessen Sie am besten erst mal ganz, er gilt jetzt noch nicht.

In den ersten Tagen gewöhnen Sie den Welpen an Halsband und Leine und erkunden mit ihm in kleinen, ganz dem Tempo und Verhalten des Hundes angepassten Spaziergängen die nähere Umgebung.

Wichtig: Glatte Böden und Treppensteigen sind „Gift" für den Welpen. Sein noch sehr weicher Bewegungsapparat ist solchen Belastungen nicht gewachsen.

Täglich zwei bis drei kleine Spaziergänge von etwa ½ Stunde Dauer sind in den ersten Wochen genug. Der Welpe tobt sich ja auch beim Spiel zu Hause in der Wohnung oder im Garten aus. Wenn er etwa ½ Jahr alt ist, kann er auch schon mal auf einen längeren Spaziergang mitgenommen werden. In dem Alter ziehen Sie ihm dafür ein Führgeschirr an, als echter Schlittenhund hat er den Drang vorwärts zu stürmen und kräftig zu ziehen. Und falls Sie vorhaben, ihn später vor einen Schlitten zu spannen, versuchen Sie jetzt nicht, ihm das abzugewöhnen. Ein „Bei-Fuß-Geh-Hund" ist er von Natur aus ohnehin nicht. Im Alter von 9 Monaten kann er an das für Schlittenhunde übliche Zuggeschirr gewöhnt werden. Ab einem Alter von 18 Monaten kann Ihr Siberian Husky Sie dann auch auf langen Touren von 20 und mehr Kilometern begleiten (siehe auch Kapitel „Der Siberian Husky braucht Bewegung", S. 50 ff.).

Die Wesensentwicklung

Die psychische Entwicklung vom Welpen bis zum erwachsenen Hund läuft in verschiedenen Phasen ab. Wie lange diese im einzelnen dauern, zeigt Ihnen die Übersicht auf Seite 35.
Wenn Sie den Welpen im Alter von ca. 10 Wochen zu sich holen, hat er bereits gelernt, sich in eine Sozialstruk-

Ermöglichen Sie Ihrem Welpen den Kontakt zu Artgenossen!

tur, nämlich seine Hundefamilie, einzufügen. Nun kommt er in seine „neue" Familie und muss dort seinen Platz erst finden oder besser zugewiesen bekommen. Das ist Ihre Aufgabe. Je schneller er erkennt, wer im neuen

Rudel der Boss ist und welche Stellung ihm selbst zukommt, umso besser. Wenn er sich nach ein paar Tagen heimisch fühlt, wird er ausprobieren, was er alles darf und was nicht. Das ist normal. Als kleiner Welpe lernt er aber recht schnell sich einzufügen, wenn Sie ihm nicht zu viel zumuten und zu große Erwartungen hegen. Bis er $\frac{1}{2}$ Jahr alt ist, haben Sie ihn sicher schon recht gut erzogen.

Dann beginnt für den jungen Hund eine neue Entwicklungsphase. Er kommt allmählich in die Pubertät, d.h., seine Sexualität erwacht. Hündinnen werden mit ca. 6–7 Monaten das erste Mal läufig und Rüden werden dann ebenfalls geschlechtsreif. Sie fangen an, beim Urinieren das Bein zu heben und interessieren sich für das andere Geschlecht.

Wie Menschenkinder, so loten auch Junghunde in der Zeit der Pubertät ihre Grenzen aus. Sie entwickeln ein recht flegelhaftes Verhalten und scheinen ihre bisherige Erziehung vergessen zu haben. Auch das ist normal. Es ist jetzt wichtig, dem „Halbwüchsigen"

klar zu zeigen, dass Sie der Boss sind. Denn fehlt dem Rudeltier Hund die hierarchische Grundordnung, wird er bei entsprechender Veranlagung zu einem unsicheren, ängstlichen Tier heranwachsen, das nicht weiß, was es von seinem Umfeld zu erwarten hat. Ein charakterstarker Hund hingegen wird versuchen, die Rolle des Rudelführers selbst auszufüllen, d.h., er wird Sie nicht ernst nehmen und Ihre Kommandos ignorieren. Sie müssen während dieser Zeit vor allem die Ruhe bewahren und konsequent auf der Ausführung Ihrer Kommandos bestehen, dann wird dieses Entwicklungsstadium ohne allzu viele Probleme vorübergehen. Im Alter von ca. 15–24 Monaten stellt sich die seelische Reife ein und aus dem flegelhaften Junghund ist ein selbstsicherer, gelassener, erwachsener Siberian Husky geworden. Er wird sicher nicht danach trachten, Ihnen unterwürfig jeden Gefallen zu tun, aber wenn Sie bis hierher alles aufmerksam gelesen haben, werden Sie das von einem Siberian Husky auch nicht erwarten.

Entwicklung vom Neugeborenen bis zum erwachsenen Hund

Lebensalter	Entwicklungs-phasen	Bedeutung für den Hund
1. + 2. Woche	Vegetative Phase	Orientierung über die von Geburt an vorhandenen Sinne wie Tastsinn, Geruchssinn, Empfinden für Wärme
3. Woche	Übergangsphase	Beginn der Umweltwahr-nehmung (Hören und Sehen)
4.–7. Woche	Prägungsphase	Umwelterfahrungen prägen sich ein, unter Umständen unaus-löschbar. Der Hund benötigt jetzt häufigen und v. a. positiven Kontakt zum Menschen, um später zu Menschen eine enge Bindung eingehen zu können
8.– ca. 16. Woche	Sozialisierungsphase	höchste Lernbereitschaft
ab ca. 5 Mon.	Jugendphase	In seinen Grundzügen ist der Hund jetzt bereits charakterlich festgelegt
ab ca. 6–7 Mon.	Pubertät	Das Flegelalter setzt ein, Gelern-tes wird „vergessen", Macht wird ausprobiert
ab ca. 15–24 Mon.	Beginn des Erwachsenenalters	Die Charakterbildung ist abgeschlossen

Die Erziehung

Durch seine Beobachtungsgabe, seine Sensibilität für die jeweilige Stimmungslage „seiner" Menschen und durch seine Fähigkeit, Geräusche, Gesten und Ereignisse miteinander zu verknüpfen, ist der Hund in der Lage, einen gewissen Wortschatz „verstehen" zu lernen. Allerdings geschieht dies nicht im menschlichen Sinn des Sprachverständnisses. Das erste Wort, welches der Welpe lernen sollte, ist sein Rufname.

Er soll seinen Namen gerne hören. Denn alle Kommandos, die er später lernen wird, geben Sie, indem Sie ihn erst freundlich mit seinem Namen ansprechen. Das macht ihn aufmerksam und aufgeschlossen.

Unser Tipp:

Sprechen Sie Ihren kleinen Siberian Husky möglichst immer so mit seinem Namen an, dass er erfreut ist, ihn zu hören, also mit freundlicher, aufmunternder Stimme. Dadurch lernt er seinen Namen schneller kennen.

Stubenreinheit

Der große Tag ist da. Der etwa 10 Wochen alte Welpe hält Einzug in seine neue Umgebung. Möglicherweise hat er schon eine lange Autofahrt hinter sich und sicher ist er auch recht durcheinander. Alles ist neu, nichts mehr so, wie es ihm vertraut war. Bevor Sie ihn mit in die Wohnung nehmen, sollten Sie ihm nun als Erstes die Möglichkeit geben, sich zu lösen. Suchen Sie mit ihm dazu den Garten oder eine geeignete Wiese auf. Natürlich bleibt der Welpe angeleint, schließlich ist nicht abzusehen, wie er sich in der fremden Umgebung vehalten wird. War der Kleine „erfolgreich", gibt es ein dickes Lob. Hat er sich nicht entleert, so heißt es, darauf gefasst zu sein, dass er es dann voraussichtlich in der Wohnung tun wird. Bewahren Sie Ruhe, denn sicher wird in den folgenden 1–2 Wochen noch so manches Bächlein und auch das eine oder andere Häufchen auf Ihrem Teppich landen.

Wichtig: Ein Welpe ist in diesem Alter noch nicht in der Lage, sein Löse-

Jeder Erfolg muß belohnt werden

bedürfnis lange zurückzuhalten. Wenn er merkt, es ist so weit, dann muss er ganz schnell auf „sein Örtchen".

In der nächsten Zeit liegt es nun an Ihnen, ihm beizubringen, wo er sich lösen darf. Von Natur aus ist der Hund sehr reinlich und beschmutzt sein Schlaflager nie. Wenn Sie die folgenden Hinweise beachten, wird Ihr Vierbeiner schnell die ganze Wohnung als Schlaf- und Spielbereich ansehen und dort nicht mehr sein Geschäft verrichten:

Loben Sie den Welpen immer ausgiebig, wenn er sich wunschgemäß draußen gelöst hat.

Bringen Sie ihn grundsätzlich nach dem Schlafen und nach dem Fressen auf seinen Löseplatz. Morgens sollte Ihr beider erster Gang also nicht ins Bad, sondern in den Garten sein.

Beobachten Sie ihn beim Spielen. Sobald er etwas verloren umhersucht, zögern Sie nicht, gehen Sie mit ihm nach draußen.

Passiert das Malheur in der Wohnung, was anfänglich normal ist, weil ja auch Sie lernen müssen, das Verhalten des Welpen richtig zu deuten, strafen Sie den Hund nicht. Sagen Sie nur laut und deutlich „Nein" und bringen Sie den Welpen umgehend nach draußen zu seinem „Örtchen".

Füttern Sie die letzte Mahlzeit des Tages nicht zu spät am Abend und gehen Sie vor dem Zubettgehen noch einmal mit dem Kleinen hinaus.

Anfangs wird er sich auch nachts noch ein- bis zweimal lösen müssen. Da er in der ersten Zeit ja neben Ihrem Bett schläft, werden Sie merken, wenn er nachts wach wird. Dann heißt es schnell hinaus mit ihm.

Natürlich ist diese erste Zeit besonders anstrengend, aber es gibt einen Trost: Der Welpe wächst heran und somit auch seine Blase. Er muss sich nicht mehr so oft lösen und lernt auch, sich mitzuteilen. Meist sind nach ein paar Wochen die anfänglichen Strapazen vergessen.

Die Hausordnung

Der Hund ist ein „Gewohnheitstier", d.h., er braucht klare Hierarchien und Richtlinien, an die er sich halten kann. Wenn er heute darf, was morgen verboten ist, so wird er versuchen, immer das für ihn Angenehmere zu erreichen. Stellen Sie deshalb gleich zu Beginn eine Art Hausordnung mit festen Regeln auf, die der Hund einhalten muss.

Regel 1: Er darf bei Tisch nicht betteln. Sie dürfen ihm daher bei Tisch nichts geben, auch wenn er noch so lieb guckt.

Regel 2: Kleidungsstücke wie Socken oder Schuhe sowie Möbel, Teppiche etc. sind für den Hund tabu. Geben Sie ihm als Ersatz Gegenstände, die er benagen und zerfetzen darf.

Regel 3: Er soll keine Nahrungsmittel vom Tisch stehlen. Geben Sie keine Gelegenheit dazu, andernfalls wird er es in unbeobachteten Momenten immer wieder versuchen.

Regel 4: Er darf nicht auf der Couch liegen. Wenn Ihnen dieses Verbot wichtig ist, dürfen Sie dem Hund keine Ausnahme gestatten.

Wenn Sie's ihm einmal gestatten, wird er immer auf dem Sofa Platz nehmen wollen

38

Wichtig: Das Schlüsselwort bei der Erziehung heißt Konsequenz. Es liegt in Ihrer Hand, ob sich Ihr Hund zu einem Tyrann oder einem angenehmen Hausgenossen entwickelt.

Neben den genannten Regeln, die für den Vierbeiner in erster Linie Verbote darstellen, sollte die Hausordnung aber auch die Grundbedürfnisse Ihres Hundes berücksichtigen:
Der Siberian Husky liebt Gesellschaft und braucht die Nähe zu „seinem Menschenrudel". Gleichzeitig sollte er in seinen Ruhe- und Schlafzeiten ungestört bleiben dürfen.

Die Sozialisierung – oder „Der Weg zum zivilisierten Hund"

Unsere heutige Umwelt ist übervoll von Reizen aller Art, seien es Geräusche, Gerüche, Straßenverkehr, Menschenansammlungen und vieles mehr. Für die gesunde psychische Entwicklung des Hundes ist es wichtig, dass er bereits als Welpe möglichst all das kennen lernt, was ihn als erwachsenen Vierbeiner erwartet. Im Alter von 8–16 Wochen ist er besonders aufnahme- und lernfähig. In dieser Zeit sollten Sie ihn deshalb mit möglichst vielen Situ-

ationen vertraut machen, die auch später auf ihn zukommen können. Auf diese Weise erreichen Sie, dass sich später der erwachsene Hund nur noch in wirklichen Ausnahmefällen aus der Ruhe bringen lässt.
Die Sozialisierung umfasst aber nicht nur das Kennenlernen der Umwelt. Der heranwachsende Hund muss auch möglichst oft mit Artgenossen zusammentreffen. Als soziales Wesen braucht er hundliche Kontakte, um ein gesundes Sozialverhalten entwickeln zu können. Viele örtliche Hundevereine bieten mittlerweile ein- oder zweimal wöchentlich Prägungsspieltage oder sogenannte Welpenschulen an. Dort lernen die jungen Hunde durch den Umgang mit gleichaltrigen und erwachsenen Artgenossen das richtige Sozialverhalten. Zudem werden sie dort ebenfalls mit verschiedenen Umweltreizen und Geräuschen vertraut gemacht.

Die wichtigsten Kommandos

„Nein!"

Voraussichtlich wird das erste Kommando, welches er lernen wird, „Nein" sein – zwangsläufig. Ein kleiner Siberian-Husky-Welpe ist ein recht neugieriger Geselle, der alles genau untersuchen will. Deshalb wird es sicher viele Situationen geben, vor allem in der ersten Zeit, in denen Sie ihm etwas verbieten müssen. Sprechen Sie ihn dazu mit seinem Namen an und sagen dann laut und deutlich „nein". Zunächst wird er vermutlich kaum reagieren, vielleicht flüchtig aufblicken, sich aber bei seinen Unternehmungen nicht weiter stören lassen. Dann gehen Sie zu ihm, wiederholen eindringlich das Kommando, nehmen ihn beiseite und geben ihm anstelle des teuren Schuhs, den er gerade genüsslich benagt, sein Beißholz. Es kann durchaus sein, dass er Ihr „Nein" auch jetzt nicht akzeptiert. Dann heißt es mit geduldiger Konsequenz darauf beharren, dass der Schuh tabu ist, das Beißholz aber erlaubt. Sobald das „Nein" akzeptiert wird, wird der Hund herzlich gelobt.

Wichtig: Alle Kommandos sollten stets in Verbindung mit dem Namen des Hundes gegeben werden, um ihn aufmerksam zu machen.

Damit der Tag nicht nur aus lauter „Neins" besteht, schließlich soll das Leben ja auch Spaß machen, müssen Sie sich überlegen, was wirklich absolut tabu ist und konsequent tabu bleibt.

Etliche „Nein"-Situationen lassen sich bei guter Organisation auch von vornherein vermeiden: Dinge, die den Welpen allzu sehr verleiten, sie zu benagen oder zu zerfetzen, sollten Sie am Anfang beiseite räumen. Stattdessen muss ihm entsprechendes Spielzeug zur Verfügung gestellt werden.

„Komm!"

Das zweite Kommando, welches von Anfang an geübt wird, heißt „Komm". Sie wissen zwar, dass Sie von einem Siberian Husky im Allgemeinen keinen bedingungslosen Gehorsam erwarten dürfen, das heißt aber nicht, dass Sie jegliche Erziehung unversucht lassen sollen. Geübt wird das Kommando nicht in der freien Natur und ohne Leine, sondern in der Wohnung oder im eingezäunten Garten. Geben Sie das Kommando mit heller, freundlicher Stimme, so als ob etwas ganz Tolles auf ihn wartet. Wenn er kommt, so ist es wichtig, ihn überschwänglich zu loben.

Unser Tipp:

Beim Einüben des Kommandos „Komm" kann es nützlich sein, wenn Sie sich in die Hocke begeben, wenn Sie den Hund rufen.

ausgiebig gelobt und erhält eine Belohnung. Durch den Leckerbissen prägt sich diese Übung besonders gut ein. Später wird er das Kommando „Sitz" dann auch bei anderen Gelegenheiten ausführen, wenn Sie es wünschen.

Die genannten drei Kommandos sind für den alltäglichen Umgang mit einem Siberian Husky im Allgemeinen ausreichend. Wenn Sie vorhaben, den Hund später vor einen Schlitten zu spannen, kommen natürlich noch andere Kommandos hinzu.

Lob und Strafe

„Sitz"

Das dritte Kommando, welches den täglichen Umgang mit dem Siberian Husky erleichtert und den kleinen Wildfang zu einem angepassten Familienmitglied macht, heißt „Sitz". Es ist zum Beispiel dann angebracht, wenn der Hund einen Leckerbissen bekommt. Beherrscht er das Kommando, bleibt er nämlich brav sitzen, während er den Leckerbissen bekommt, und springt nicht an Ihnen hoch. Damit er lernt, was er tun soll, drücken Sie sein Hinterteil sanft herunter, während Sie „Sitz" sagen. Wenn er sitzt, wird er

Vorab muss gesagt werden, dass der Hund „Strafe" im menschlichen Sinn nicht versteht. In der Hundeerziehung ist die Strafe eher gleichzusetzen mit dem Durchsetzen eines Verbotes. Grundsätzlich sollte die Bestrafung als Erziehungsmittel äußerst sparsam eingesetzt werden. Das bedeutet, dass Sie dem Hund möglichst wenig Gelegenheiten zum Ungehorsam bieten sollten. Planen Sie seine Erziehung so, dass Sie ihn viel öfter loben können, als ihn zu strafen. Und loben Sie ihn überschwänglich, vor allem am Anfang. Er muss aus Ihrer Stimme Ihre Freude hören können!

Wichtig: Strafen dürfen Sie Ihren Siberian Husky nur, wenn Sie ihn auf frischer Tat erwischen.

Wenn eine Bestrafung nötig wird, kann sie in verschiedenen Abstufungen durchgeführt werden:

▪ Wenn ein energisches „Nein" nicht reicht, packen Sie ihn fest im Nacken und schieben ihn mit dem Befehl „Nein" beiseite.

▪ Wenn auch das nichts nützt, greifen Sie ihm mit der Hand um die Schnauze, sehen ihm fest in die Augen und wiederholen energisch das „Nein". Diesen Schnauzengriff kennt er als Dominanzgeste noch von seiner Mutter. Eine Hundemutter verschafft sich nämlich Respekt, indem sie mit ihrer Schnauze die kleine Welpenschnauze umschließt.

▪ Ist auch diese Maßnahme noch immer nicht von Erfolg gekrönt, dann drücken Sie ihn auf den Boden, während Sie Ihren Befehl wiederholen. Diese „Sprache" kennt er ebenfalls aus seinem Hunderudel. Eigentlich sollte er nun begriffen haben, was Sie von ihm wollen. Aber vergessen Sie nicht, er ist ein Siberian Husky und kann durchaus sehr stur sein.

Wichtig: Auch wenn Sie Ihren Siberian Husky schon lange rufen und ei-

gentlich richtig wütend sind, weil er so lange Wichtigeres im Sinn hatte, als zu Ihnen zu kommen, dürfen Sie ihn nicht ausschimpfen, wenn er schließlich kommt. Er kann nämlich nicht nachvollziehen, warum er für sein Kommen plötzlich bestraft wird.

Was tun, wenn der Hund Probleme macht?

Die Probleme, die ein Siberian Husky machen kann, sind in der Regel in seiner Natur begründet. Das heißt, Schwierigkeiten entstehen dann, wenn der Hund die an ihn gestellten Erwartungen aufgrund seiner Rassezugehörigkeit nicht erfüllen kann. Meist sind bei Siberian Huskies eine unbändige Lust am Laufen, ein ungetrübter Jagdtrieb und mangelnder Gehorsam miteinander gepaart. Wer diese Charaktereigenschaften bei der Haltung nicht berücksichtigt, d.h. den Hund beispielsweise unangeleint spazieren führt oder ihm nicht die nötige Bewegung verschafft, wird Probleme mit ihm bekommen. Dann muss die Haltung geändert werden.

Probleme werden sich ebenfalls einstellen, wenn der Hund, egal ob im Zwinger oder in der Wohnung, ein unausgefülltes, langweiliges und einsames Dasein fristen muss. Er wird heulen, bei Zwingerhaltung versuchen auszubrechen und bei Wohnungshaltung möglicherweise die Einrichtung zerstören. Auch dann muss die Haltung geändert und den Bedürfnissen des Hundes angepasst werden.

Bei dem einen oder anderen Siberian-Husky-Besitzer stellt sich vielleicht auch Enttäuschung ein, weil sich der Hund über jeden Besucher freut und keinerlei Wacheigenschaften entwickelt. Hier hilft nur, die innere Einstellung zu ändern, der Siberian Husky ist eben kein Wachhund.

Wird ein bereits stubenreiner Hund plötzlich wieder unsauber, muss als Erstes geklärt werden, ob eine Krankheit vorliegt. Ist das nicht der Fall, so sind die Gründe in der Psyche des Hundes zu suchen. Gab es gravierende Veränderungen in der Familie? Ein Baby etwa? Möglicherweise fühlt sich der Siberian Husky vernachlässigt. Bleiben Sie geduldig und trainieren Sie die Stubenreinheit wieder wie beim Welpen. Während der Pubertät, also im Alter von 5–15 Monaten, kann sich auch das Verhalten ändern. Die frühere Selbstsicherheit kann einer zunehmenden Unsicherheit Platz machen. Der Hund ängstigt sich plötzlich in ihm eigentlich bereits vertrauten Situationen. Dann sollten Sie Ruhe bewahren und

Rennen ist das Größte!

ihn nicht bedauern oder streicheln. Er würde dies nämlich als Lob für sein Verhalten auffassen. Häufig verliert sich diese Ängstlichkeit von alleine. Der Hund darf allerdings nicht durch Ihr Bedauern oder Ihre eigene Unsicherheit in seinem Verhalten bestätigt werden. Manchmal hilft es, zunächst die angsteinflößenden Situationen zu meiden, um allmählich durch gezieltes, behutsames Heranführen den Stress beim Hund abzubauen und ihm in kleinen Schritten seine Sicherheit zurückzugeben.

Haltung und Pflege

Die Unterbringung

Als nordischer Hund kann der Siberian Husky kalte Temperaturen gut vertragen und daher grundsätzlich auch im Freien gehalten werden. Allerdings ist er wie jeder Hund ein Rudeltier mit einem ausgeprägten Bedürfnis nach sozialen Kontakten. Halten Sie nur **einen** Siberian Husky, so hat er den für ihn so wichtigen „Rudelanschluss" nur, wenn er bei Ihnen, d.h. in der Wohnung leben darf. Wenn gleich zwei Hunde angeschafft werden, so ist zu überlegen, ob für sie im Garten ein Zwinger oder ein Gehege eingerichtet wird.

Wohnungshaltung

In der Wohnung wird der Siberian Husky seinen Schlafplatz voraussichtlich an einer kühlen Stelle wählen. Auch sollten Sie die Heizung grundsätzlich sparsam einstellen und sich eher einen Pullover überziehen. Im übrigen sind hohe Raumtemperaturen erwiesenermaßen sowieso nicht gesund. Eine Fußbodenheizung ist für den Siberian Husky ebenfalls nicht ideal.

Damit Ihr Vierbeiner nicht „schwitzen" muss, sollten Sie ihm ermöglichen, sich auf dem Balkon oder im ausbruchssicher eingezäunten Garten aufzuhalten, wenn ihm nach kühleren Temperaturen zu Mute ist.

Zwingerhaltung

Bei der Standortwahl für einen Zwinger oder ein Gehege im Garten muss an einen Wetter- und Sonnenschutz gedacht werden. Natürlich sollte die Anlage auch so platziert werden, dass die Nachbarn ungestört bleiben.

Wichtig: Informieren Sie Ihre Nachbarn, bevor Sie mit dem Bau eines Zwingers oder Geheges beginnen.

Bedenken Sie bei Ihren Planungen auch, dass für zwei Siberian Huskies eine Fläche von ca. 20 qm zur Verfügung stehen sollte. Die im Tierschutzgesetz festgehaltenen 9 qm für zwei Hunde zuzüglich der Hütten sind zu wenig. Haben Sie schließlich den richtigen Platz gefunden, so kann es mit dem Bau losgehen. Hier noch ein paar Punkte, auf die Sie achten sollten:

▓▓▓ Das Material zur Einzäunung muss den Ausbrechkünsten eines Siberian Husky standhalten. Der Zaun sollte etwa 2 Meter hoch sein und darf auch nicht von den Hunden untergraben werden können.

▓▓▓ In einem Teil des Geheges sollte der Boden naturbelassen bleiben, denn Siberian Huskies sind leidenschaftliche Buddler und graben sich auch gerne mal Kuhlen, in denen sie liegen.

▓▓▓ Die Hunde brauchen Schlafhütten und trockene Liegeflächen.

Wichtig: Auch der schönste Zwinger ersetzt nicht den täglichen Auslauf und die Beschäftigung mit den Hunden.

Der Siberian Husky im Sommer

„Was machen Sie denn mit dem Hund im Sommer?", diese Frage werden Sie als Besitzer eines Siberian Husky immer wieder hören. Nun ist es so, dass selbst in den Regionen, aus denen diese Rasse ursprünglich stammt, kurze, heiße Sommer mit Temperaturen über 30 °C keine Seltenheit sind. Außerdem sind Ihr Hund und sicher auch seine Vorfahren in unseren gemäßigten Breiten geboren, sodass bereits eine gewisse Anpassung an das hiesige Klima stattgefunden hat.

Durch sein doppeltes Haarkleid – die Unterwolle ist im Sommer weniger dicht als im Winter – ist der Siberian Husky auch vor Sonneneinstrahlung geschützter als ein Hund mit kurzem glattem Fell. Sie werden erleben, dass Ihr Vierbeiner, wenn er die Gelegenheit dazu hat, ab und zu ausgiebige Sonnenbäder nehmen wird.

Natürlich bleibt der Hund in der Mittagshitze am besten an einem schattigen Ort. Die Spaziergänge verlegen Sie in die kühleren Morgen- oder Abendstunden. Auch die Länge der Ausflüge müssen Sie den Temperaturen anpassen – aber das gilt für Hunde anderer Rassen genauso.

Bei Temperaturen über 15 °C streichen Sie das Joggen oder Radfahren mit dem Hund vom Programm. Dann werden

▓▓▓ *So läßt es sich an heißen Tagen aushalten*

Siberian Huskies auch nicht mehr zum Training vor den Wagen gespannt. Ebenso sind schwüle Temperaturen mit hoher Luftfeuchtigkeit, auch wenn das Thermometer noch nicht auf 15 °C geklettert ist, gefährlich für einen Schlittenhund im Arbeitseinsatz. Es kann bei Überbelastung zu der gefürchteten Überhitzung kommen (siehe auch Tabelle S. 56).

Wichtig: Es muss immer genügend frisches Wasser bereitstehen, damit der Hund seinen Flüssigkeitshaushalt regulieren kann.

Hunde können ihre Körperwärme nur durch Hecheln und über die Ballen an den Pfoten abgeben, sie besitzen keine Schweißdrüsen wie der Mensch. Wenn er es mag, können Sie Ihrem Siberian Husky auch Gelegenheit zu einem erfrischenden Bad geben. Anschließend müssen Sie allerdings darauf achten, dass er zum Trocknen nicht im Durchzug liegt.

Die Fellpflege

Sie haben sich gewiss auch in diese Rasse verliebt, weil die Hunde so ein herrliches pelziges Fell haben. Allerdings ist im Frühjahr und im Herbst,

Unser Tipp:

Gewöhnen Sie bereits den Welpen an die regelmäßige Fellpflege mit Kamm und Bürste. Loben Sie ihn dabei ausgiebig, dann wird er diese Maßnahme als Streicheleinheit auffassen und später auch ein verstärktes Kämmen und Bürsten ertragen.

Zweimal im Jahr wechselt der Siberian Husky sein Fell

bei Wohnungshunden kann sich der Turnus verschieben, die Zeit des Haarwechsels.

Wundern Sie sich nicht über die Menge der ausgekämmten Haare, es ist wirklich unbeschreiblich viel! Aber wenn Sie das lose Haar regelmäßig auskämmen und ausbürsten, dann geht der Fellwechsel relativ zügig vonstatten.

Sollte er einmal sehr schleppend verlaufen, dann kann ein Bad mit einem milden, rückfettenden Hundeshampoo helfen. Anschließend lässt sich das Haar meist besser auskämmen und der Haarwechsel kommt schneller in Gang. Normalerweise braucht der Siberian Husky allerdings nicht gebadet zu werden. Sein Eigengeruch ist so gering, dass wir ihn im Allgemeinen nicht wahrnehmen. Selbst wenn der Hund nass geworden ist, verbreitet

er kaum Geruch. Hat er sich aber „parfümiert", d.h. in einem Kuhfladen oder etwas mit ähnlicher Duftnote gewälzt, dann ist natürlich ein Bad fällig.

Der Siberian Husky auf Ausstellungen

Vielleicht wünscht sich „Ihr" Züchter, dass Sie „seinen" Hund auch mal ausstellen. Er wird Ihnen dann sicher die nötigen Hilfestellungen bei der Planung geben. Auf einer Ausstellung – oder Zuchtschau, wie es richtig heißt – werden die Hunde am Idealbild der Rasse, also am Rassestandard, gemessen. Sie werden in unterschiedlichen Altersklassen, nach Geschlechtern getrennt von einem Zuchtrichter „gerichtet". Es gibt verschiedene Formwertnoten: vorzüglich, sehr gut, gut, genügend und nicht genügend. Nach diesen Noten werden dann anschließend die Platzierungen von 1 bis 4 vorgenommen.

Bevor Ihr Vierbeiner an einer Zuchtschau teilnehmen kann, müssen Sie ihm Folgendes beibringen:

■■■■ Er muss lernen, neben oder vor Ihnen zu stehen, ohne an Ihnen hochzuspringen oder an der Leine zu zerren.

Unser Tipp:

Wenn Sie Interesse haben, mit Ihrem Hund an Ausstellungen teilzunehmen, gehen Sie erst einmal als Zuschauer hin. So können Sie sich ein Bild von der dort herrschenden Atmosphäre und dem Ablauf einer solchen Veranstaltung verschaffen.

▬ Er darf nicht ausweichen oder gar knurren, wenn fremde Personen ihn am ganzen Körper anfassen oder sein Gebiss kontrollieren.
▬ Auf Kommando muss er an Ihrer linken Seite im Trab neben Ihnen herlaufen.

Natürlich sollte Ihr Liebling am Tag der Ausstellung auch nicht im Haarwechsel sein und, falls weiblichen Geschlechts, nicht läufig. Ist er gesund, das Fell sauber und gepflegt, dann kann es losgehen ins Abenteuer „Ausstellung": Nehmen Sie sich Zeit für die Anreise und bewahren Sie die Ruhe. In den Ausstellungshallen ist es meist laut und betriebsam. Je ruhiger Sie selbst bleiben, umso weniger empfindet Ihr Hund die Situation als Stress. Innerhalb und außerhalb des Vorführringes lassen Sie es selbstverständlich nicht zu, dass Ihr Siberian Husky Raufereien anzettelt.
Schließlich kommt der Moment, wo es ernst wird. Die Klasse Ihres Hundes wird bewertet. Wenn es dann im ersten Anlauf nicht so geklappt hat, wie Sie es sich vorstellten, so ist das kein „Beinbruch". Es ist eben noch kein Meister vom Himmel gefallen, und

auch das Vorführen von Hunden auf Ausstellungen will gelernt sein. Vielleicht ermutigt Sie ja der Richterbericht, es noch einmal zu versuchen …

▬ Ein „alter Ausstellungshase"

Der Siberian Husky braucht Bewegung

Das richtige Maß für den Familienhund

Dem Siberian Husky ist das Ziehen angeboren. Im Zuggeschirr vor einer Pulka ist dieser Hund in seinem Element. Wenn Sie nicht vorhaben, Ihren Siberian Husky „anzuspannen" (siehe S. 51 f.), so müssen Sie ihm anderweitig die notwendige Bewegung verschaffen. Da diese Rasse von ihrer Veranlagung her eine enorme Ausdauer besitzt, sind Siberian Huskies ideale Begleiter für Radtouren, beim Skilanglauf oder Joggen. Natürlich sollte der Hund, wie bereits mehrfach betont, bei Ihren gemeinsamen Ausflügen stets angeleint sein.

Um das Skelett des Hundes zu schonen und ihn vor Schäden an Gelenken und Verletzungen an den Fußballen zu bewahren, sollte es für Sie selbstverständlich sein, dass Sie mit Ihrem Vierbeiner keine geteerten Wege aufsuchen.

Nehmen Sie Ihren Hund häufiger zu ausgedehnten Touren mit, sollten Sie auch bedenken, dass er allmählich eine erstaunliche Kondition und ein starkes Bedürfnis nach viel Bewegung entwickeln wird. Wie ein Leistungssportler nicht von einem auf den anderen Tag mit seinem Training aufhören kann, so können Sie Ihren trainierten Siberian Husky auch nicht plötzlich auf „normale" Spaziergänge reduzieren, nur weil Sie in der kalten Jahreszeit lieber ins Fitnessstudio gehen als zu joggen.

Wichtig: Überlegen Sie sich vorher, wie viel Bewegung Sie ihrem Hund regelmäßig ermöglichen können.

Unser Tipp:

Wenn Sie sich beim Joggen oder beim Skilanglauf einen Bauchgurt anlegen, an dem Sie die Leine Ihres Hundes befestigen, haben Sie beide Hände frei, und der angeleinte Hund behindert Sie nicht beim Laufen.

■■■ *Als ausdauernder Begleiter auf Wanderungen vermag der Siberian Husky bis zu einem Drittel seines Körpergewichtes in den Packtaschen zu tragen*

Für den Fall, dass Sie ausgiebige Spaziergänge lieben, aber kein passionierter Radfahrer oder Jogger sind, wollen Sie sicher wissen, welche Zeit Sie täglich für gemeinsame Ausflüge einplanen müssen. Nun, nach eigener langjähriger Erfahrung sollten es täglich drei flotte Spaziergänge sein. Davon sollte einer mindestens $1^1/_2$ Stunden dauern, die beiden anderen jeweils eine $^3/_4$ Stunde. Als tägliches „Marschpensum" sind 10–12 km zu veranschlagen – und zwar unabhängig vom jeweiligen Wetter.

Der Schlittenhundesport

Integriert in ein Schlittenhundegespann, unterwegs auf verschneiten Wegen ist der Siberian Husky in seinem Element. In den USA werden Schlittenhunderennen schon seit vielen Jahren veranstaltet und zunehmend gibt es solche Veranstaltungen auch in unseren Breiten. Im Laufe der Zeit wurden mehr und mehr Sportverbände gegründet und die Zahl der Musher ist stetig gewachsen. Derzeit finden von Herbst bis zum Frühjahr

Am besten trägt der Hund ein solches Führgeschirr, wenn er sie beim Joggen oder Radfahren begleitet

fast an jedem Wochenende auf abgesteckten Strecken (Trails) Rennen statt. Wenn kein Schnee liegt, werden Rollwagen als Schlittenersatz genommen. Viele „Einhund-Besitzer" kommen über ihren Hund und die Faszination, die von einem begeistert losstürmenden Schlittenhundegespann ausgeht, zum Schlittenhundesport. Wenn auch Sie überlegen, in dieses Hobby einzusteigen, sollten Sie sich aber vorab über folgendes im Klaren sein:

Das Hobby bedarf einer sorgfältigen und langen Vorplanung. Da es nur wenig Spezialliteratur zu diesem Sport gibt, müssen Sie sich das nötige Wissen aneignen, indem Sie intensiv den Kontakt zu erfahrenen Mushern suchen und pflegen.

Sie benötigen eine umfangreiche Ausrüstung (siehe Tabellen rechts und S. 57 bzw. S. 58), die viel Geld kostet und für deren Unterstellung Platz vorhanden sein muss.

Meist bleibt es nicht bei einem Hund, aber mit jedem weiteren Siberian Husky steigt auch der Platzbedarf für die Unterbringung der Vierbeiner.

Sie binden sich über eine lange Zeit an die Hunde und müssen deren Bedürfnisse in Ihrer Lebensplanung berücksichtigen. Siberian Huskies haben eine hohe Lebenserwartung und können ohne weiteres 12–14 Jahre und auch noch älter werden.

Das Hobby selbst, aber vor allem die Ausbildung der Hunde vorab, ist sehr zeitintensiv.

Die benötigte Ausrüstung hängt natürlich auch davon ab, wie viel Hunde

Unser Tipp:

Adressen von Herstellern für Geschirre, Leinen, Halsbänder und anderes Schlittenhundezubehör erfahren Sie über die Rasseclubs oder Sportvereine.

C h e c k l i s t e	**Grundausrüstung für den Schlittenhundesport**

- ◆ *Transportmöglichkeit für den oder die Hunde*
- ◆ *wintertaugliches Auto*
- ◆ *geeignete Kleidung und Schuhe für Herbst und Winter*
- ◆ *Booties (Hundeschuhe)*
- ◆ *Kopflampe, um am Rennort bei Dunkelheit die Hunde zu versorgen*
- ◆ *Schaufel und Tüten zum Kotentfernen*
- ◆ *Anbindevorrichtung für die Hunde während Veranstaltungen (Stake Out)*
- ◆ *Erste-Hilfe-Set*

Bei schneefreiem Untergrund ist der Rollwagen die Alternative zum Schlitten

Am Stake-out werden die Hunde gefüttert, können sich lösen und bekommen ihre Streicheleinheiten

eingespannt werden. Eine Pulka ist das geeignete Gefährt für einen oder maximal drei Hunde (siehe auch S. 57). Von einem Gespann spricht man, wenn zwei oder mehr Hunde einen Renn- oder Lastenschlitten bzw. auf schneefreiem Untergrund ein entsprechendes Trainingsfahrzeug (siehe auch vorige S.) ziehen. Relativ unabhängig von der Anzahl der Hunde ist die Grundausrüstung, die Sie für die Ausübung des Schlittenhundesports an sich brauchen. Einen Überblick darüber gibt die Tabelle auf der vorigen Seite. Welche Möglichkeiten Ihnen offen stehen, wenn Sie mit diesem Sport beginnen wollen, darüber sollen Ihnen die nachfolgenden Seiten einen kurzen Abriss geben. Umfassende Informationen über das Arbeiten mit Schlittenhunden würden den Rahmen dieses Büchleins sprengen.

Die Ausbildung

Wenn aus einem Siberian Husky einmal ein richtiger Schlittenhund werden soll, müssen Sie bereits bei dem Junghund mit dem Training anfangen (siehe auch S. 33). Wenn Ihr Hund etwa $1/2$ Jahr alt ist, können Sie beginnen, die verschiedenen Kommandos einzuüben: Diese sind oft alaskanische Begriffe wie zum Beispiel „gee" und „haw" für „rechts" und „links", „whoa" für „steh" oder „go" für „lauf". Aber auch die Verwendung von deutschen Begriffen ist üblich.

Natürlich wird Ihr Vierbeiner zunächst nicht wissen, was Sie von Ihm wollen, und Sie müssen ihm immer wieder durch Zeigen oder Führen klar machen, was er tun soll. Dabei wiederholen Sie das jeweilige Kommando freundlich und auffordernd.

Im Alter von 9 Monaten kann der Siberian Husky an das Zuggeschirr gewöhnt werden.

Wenn Sie planen, ein Gespann zu führen, müssen alle Ihre Hunde vorab die genannten Kommandos kennen, bevor sie eingespannt werden können. Als Leithund wählen Sie dann den gelehrigsten Hund aus. Sie selbst sollten bereits viele Male erfahrenen Mushern zugeschaut und bei ihren Vorbereitungen mitgeholfen haben, bevor Sie Ihre erste Fahrt antreten. Selbstverständlich sollten Sie bei Ihren Übungsfahrten auf Spaziergänger, Radfahrer etc. achten und niemandem Grund zur Beanstandung geben.

Natürlich sollten Sie Ihre Siberian Huskies, auch wenn sie bereits etwas Kondition aufgebaut haben, nie überfor-

Unser Tipp:

Unternehmen Sie in den ersten Wochen nur kurze Fahrten von etwa 2 km Länge. Am Ende sollen die Hunde immer noch fit und aufnahmebereit sein, damit sie den Spaß an der Sache nicht verlieren.

dern und auch nicht bei Temperaturen über 15°C anspannen. Denn dies kann für die Hunde ernsthafte gesundheitliche Folgen haben (siehe S. 56).

Beim Pulka-Sport entwickelt sich oft eine besonders enge Beziehung zwischen Mensch und Hund

Gesundheitsrisiken bei falscher Arbeitsbelastung

Krankheitsbild	Symptome	Behandlung
Überhitzung	heftiges Ventilieren (Hecheln), glasiger Blick, Gleichgewichtsstörungen, Kollabieren	Sofort den ganzen Hund bis auf die Haut mit Wasser abkühlen; bessert sich sein Zustand nicht innerhalb weniger Minuten, so muss sofort ein Tierarzt hinzugezogen werden. Achtung, den Hund nicht unterkühlen!
Dehydratation (Austrocknung)	Haut hat die Elastizität verloren, Schleimhäute sind trocken, Hund verweigert die Wasseraufnahme (Symptome oft nicht gut erkennbar)	Hund mit schmackhaft gemachtem Wasser zum Trinken verleiten; wenn er nicht trinkt, muss das Flüssigkeitsdefizit vom Tierarzt intravenös ausgeglichen werden.

Auch mit nur einem Hund kann man dabei sein

Vielfach herrscht die irrige Meinung vor, dass man mit nur einem Hund im Schlittenhundesport nichts anfangen kann. Tatsächlich gibt es aber bei den Schlittenhunderennen die so genannte „Skandinavierklasse". Dabei zieht der Hund, eingeschirrt zwischen zwei Zugstangen, einen kleinen Rollwagen oder bei Schnee eine kleine Pulka (siehe Abb. S. 55). Das jeweilige Gefährt ist über eine Leine am Bauchgurt des Mushers befestigt, der sein Einhundgespann laufend, mit dem Fahrrad oder bei Schnee auf Langlaufskiern begleitet. Gelenkt wird der Hund durch Zuruf. Eine Übersicht über das benö-

Checkliste *Ausrüstung für ein Pulkagespann*

◆ *Pulka*

◆ *Rollpulka (= Rollwagen) bei schneefreiem Untergrund*

◆ *Pulka-Zuggeschirr*

◆ *Pulkagestänge*

◆ *Verbindungsleine zwischen Pulka und Musher*

◆ *Bauchgurt für den Musher*

◆ *Langlaufski*

tigte Zubehör finden Sie in obiger Checkliste. Der Skandinaviersport ist eine sehr schöne Möglichkeit, auch nur einen Schlittenhund artgerecht zu bewegen. Die enge Zusammenarbeit mit dem Tier schafft eine Beziehung ganz besonderer Art. Die Bewertung innerhalb der Skandinavierklasse erfolgt getrennt nach weiblichen und männlichen Hundeführern. Bei Rennen sind in dieser Klasse maximal drei Hunde zugelassen.

Mit mehreren Hunden am Start

Bei den Schlittenhunderennen gibt es für das Fahren mit mehreren Hunden unterschiedliche Klassen:

◆ In der so genannten C-Klasse starten Gespanne mit 2–4 Hunden.

◆ Die nächstgrößere Klasse ist die B-Klasse mit 4–6 Hunden.

◆ In der A-Klasse gehen Gespanne mit 6–8 Hunden an den Start.

◆ Krönung ist die so genannte Offene Klasse. Dort dürfen mehr als 8 Hunde eingespannt werden. Je nach Schwierigkeit der Strecke ist aber manchmal die Zahl nach oben doch eingeschränkt. Schließlich soll gewährleistet sein, dass Hunde und Musher auch heil ins Ziel kommen.

Die Ausrüstung für ein Gespann ist in der Checkliste auf Seite 58 zusammengefasst. Wo die verschiedenen Utensilien im Gespann zum Einsatz kommen, zeigt Ihnen die Abbildung auf Seite 60.

Wichtig: Schlitten oder Rollwagen sollten mit guten Bremsen ausgestattet sein!

Ausrüstung für ein Gespann von zwei oder mehr Hunden

♦ Renn- und/oder Lastenschlitten

♦ Rollwagen (für schneefreien Untergrund)

♦ Zuggeschirre und geeignete Halsbänder

♦ Zugleine für die entsprechende Hundeanzahl

♦ Neckline (verbindet die Halsbänder der beiden vorderen Hunde)

♦ Notleine mit Panikhaken (zum Befestigen des Wagens vor dem Start)

♦ Ruckdämpfer (wird zwischen Hunden und Wagen an der Zugleine befestigt)

♦ Schneeanker (zum Arretieren des Gespanns)

♦ Transportsack für Wagen bzw. Schlitten (für den Notfall zum Transport eines Hundes, aber auch zum Verstauen von Handschuhen etc.)

Im Sommer wird der Schlitten winterfest gemacht

Schlittenhundesport als Leistungssport

Wer den Schlittenhundesport als Leistungssport betreiben will, schließt sich einem der vielen Schlittenhundesportvereine an, um dann während der Saison, die Mitte Oktober beginnt und etwa Mitte März endet, an verschiedenen Rennveranstaltungen, womöglich auch Meisterschaften, teilzunehmen. Welche Arten von Schlittenhundesportveranstaltungen es gibt, zeigt die Übersicht oben rechts.

Um fit für diese Rennen zu sein, ist es gut, neben dem regelmäßigen Training

Schlittenhundesportveranstaltungen

Sprintrennen:	mit Schlitten oder Wagen, 2–3 Läufe, im Schnee ca. 9–20 km je nach Klasse, mit dem Wagen ca. 4,5–8 km je nach Witterung und Jahreszeit
Middle-Distance-Rennen:	nur im Schnee, 2–3 Läufe, ca. 20–40 km je nach Klasse, mit Notgepäck für erste Hilfe
Longtrail:	nur im Schnee, 2 und mehr Etappen, von ca. 40 km an aufwärts, mit Ausrüstung, Mindestgewicht vorgeschrieben (richtet sich nach der Gespanngröße), Biwak
Tour:	mit Schlitten oder Wagen, ohne Zeitnahme, Streckenlängen den Witterungsverhältnissen angepasst, keine Biwakpflicht

mit den Hunden selbst ein Ausdauer-konditionstraining zu machen. Für das Arbeiten mit den Hunden sollte man, wenn keine Rennveranstaltung am Wochenende ist, 4–5 Tage in der Woche einplanen. Die Tiere sollen schließlich ebenfalls Kondition aufbauen. Auch prägen sich die Kommandos umso besser ein, je häufiger sie geübt werden. Bei Ihren Anstrengungen um ein gutes Abschneiden bei den Rennen müssen Sie aber immer bedenken, dass es Ihren Hunden egal ist, ob Sie hinterher auf dem Siegertreppchen stehen.

Wichtig: Sport mit Tieren verlangt ein ganz besonders hohes Maß an Verantwortung den Tieren gegenüber! Ihr persönlicher Ehrgeiz muss hinter dem Bemühen um das Wohl der Hunde stehen. Wer in dieser Form Schlittenhundesport betreibt, muss seinen Weg so planen, dass er ihn nicht zu Lasten und auf Kosten seiner Hunde geht. Dazu gehört, dass genügend Platz und Zeit für alle Hunde vorhanden ist, auch für die alten, die nicht mehr im Gespann laufen können.

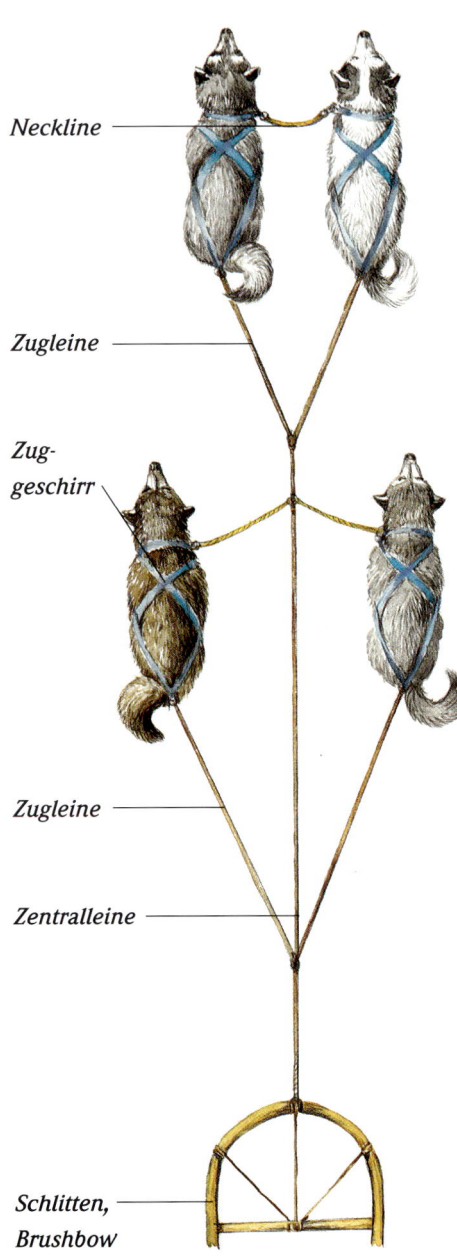

Neckline

Zugleine

Zug-
geschirr

Zugleine

Zentralleine

Schlitten,
Brushbow

Andere Hundesportarten

Der Siberian Husky ist der geborene
Schlittenhund. Andere Hundesportarten können daher für ihn nur Beschäf-
tigungen zweiter Wahl sein. Darüber
müssen Sie sich im Klaren sein, wenn
Sie nach alternativen Möglichkeiten
des Arbeitens mit Ihrem Hund suchen.
Auch müssen Sie sich stets vor Augen
führen, dass Siberian Huskies die vielen anderen Hunderassen eigene Unterwürfigkeit fehlt. Unterordnung und
Gehorsam sind jedoch im Hundesport
fast immer Voraussetzung für den
Erfolg.

Wichtig: Stecken Sie sich die Ziele, die
Sie mit Ihrem Hund erreichen wollen,
nicht zu hoch. Passen Sie sie den
Fähigkeiten ihres Vierbeiners an.

Wenn Sie sich auf die Suche nach einem Hundesportverein machen, gilt es
Folgendes zu beachten:
      Der Verein Ihrer Wahl sollte
Mitglied im „Deutschen Hundesportverband" (dhv) sein, denn nur dann ist
er dem Verband für das Deutsche Hundewesen (VDH) angeschlossen. Es gibt
nämlich auch viele Nachahmer, deren
Zertifikate wertlos sind.
      Treten Sie nur einem Verein
bei, in dem man dem Siberian Husky

gegenüber aufgeschlossen ist. Die Ausbildung sollte nach den neuen Erkenntnissen über das Lernverhalten von Hunden erfolgen, wonach der Hund vor allem über die Bestärkung erwünschter Verhaltensweisen durch sofortiges Loben zum Lernerfolg gebracht wird (siehe auch Literaturhinweise, S. 93).

Wenn man Ihnen sagt: „Ach, Sie haben einen Siberian Husky, na, den kriegen wir schon klein!", sollten Sie dort keine Ausbildung mit Ihrem Vierbeiner beginnen.

Ausbildung zum verkehrssicheren Begleithund und Turnierhundsport

Grundsätzlich können Sie auch mit einem Siberian Husky eine Ausbildung zum verkehrssicheren Begleithund machen. Bei der Begleithundprüfung wird neben Sitz, Platz und Leinenführigkeit unter anderem auch sicheres Verhalten des Hundes im Straßenverkehr verlangt (hierzu gehört das „Sitz" an der Randsteinkante, bevor der Hund die Fahrbahn betreten darf).

Je nach Charakter Ihres Siberian Husky werden Sie bei den Übungen mehr oder weniger erfolgreich sein.

Wenn Sie einen Rassevertreter besitzen, der besonders großen Wert auf die Durchsetzung seines eigenen Willens

legt, ist die Begleithundprüfung vielleicht ein etwas zu hoch gestecktes Ziel.

Hat Ihr Hund diese Prüfung allerdings erfolgreich absolviert, so können Sie sich auch dem Turnierhundsport (oder Breitensport) zuwenden. Neben Gehorsamsübungen (z.b. Leinenführigkeit, „Sitz"- und „Platz"-Übungen) sind Hürden-, Slalom- und Hindernislauf und je nach Art des Turniers auch ein Geländelauf über 2000 oder auch 5000 m die weiteren Disziplinen.

Der Turnierhundsport verlangt also auch vom Hundehalter eine gewisse Kondition und Sportlichkeit.

Agility

Bei diesem Hundesport – er wird in einem Parcours ausgeübt – steht die Freude an der Bewegung an erster Stelle vor dem bedingungslosen Gehorsam der Hunde. Allerdings erfordern auch Agility-Übungen eine enge Bindung zwischen Hund und Hundeführer.

Ein Agility-Parcours besteht aus mindestens 12, maximal 20 Hindernissen unterschiedlicher Art. Dazu gehören Sprunghindernisse, Mauer, Tisch, Reifen, feste Tunnelröhren und Stofftunnel, Laufsteg, Wassergraben, Wippe, Weitsprung, Slalom und Schrägwand. Die einzelnen Hindernisse stellen ganz unterschiedliche Anforderungen an das Können des Hundes und die Verständigung zwischen ihm und seinem Partner Mensch. Bewertet werden die Art, wie die Übungen ausgeführt werden, und die für die Bewältigung des Parcours benötigte Zeit. Bei Agility wird ebenso wie im Turnierhundsport die Fitness von Hund und Hundehalter gleichermaßen trainiert. Die Vielfalt der verschiedenen Aufgaben bei Agility kommt dem Bedürfnis auf Abwechs-

lung und der Neugierde sowie der Bewegungsfreude eines Siberian Husky entgegen. Doch sollten Sie immer berücksichtigen, daß er als Schlittenhund eine ausgeprägte Sturheit an den Tag legen und Ihre Geduld arg strapazieren kann. Nur wenn Sie Ihre Ziele, die sie sich im Hundesport mit Ihrem Siberian Husky stecken, völlig auf die Fähigkeiten Ihres Hundes einstellen, kann eine ganz besondere Bindung zu ihm wachsen.

„Bleib!" Diese Übung erfordert vom Hund eine große Disziplin

Die Ernährung

Der Hund – kein reiner Fleischfresser

Der Haushund, der wie der Wolf zu der großen Familie der Hundeartigen gehört, ist kein reiner Fleischfresser. Seine wild lebenden Verwandten ernähren sich zwar hauptsächlich von kleineren, hie und da auch größeren Beutetieren, die sie fast vollständig verspeisen. Zu ihrer Nahrungspalette zählen aber ebenso Beeren, Gräser, Wurzeln und Kräuter. Nördlich des Polarkreises lebten Hunde schon sehr früh in einer Gemeinschaft mit dem Menschen. Sie waren dort auch für die Abfallentsorgung zuständig und fraßen sogar unter anderem die menschlichen Exkremente. Dies tun viele Hunderassen, so auch die nordischen Hunde leider auch heute noch, wenn sich die Gelegenheit bietet.

Nahrungsbestandteile

Die nötige Energie liefern die Nahrungsbestandteile Eiweiß, Fett und Kohlenhydrate. Darüber hinaus muss das Futter aber auch Mineralstoffe, Spurenelemente, Vitamine, essenzielle Fettsäuren und Ballaststoffe in ausreichender Menge enthalten, damit der Hund gesund bleibt.

Hauptenergielieferant ist das **Fett.** Seinen Bedarf daran deckt der Hund in erster Linie aus tierischen Fetten. Sie sind in Form gesättigter Fettsäuren im Fleisch enthalten. In geringen Mengen braucht der Hund aber auch ungesättigte, essenzielle Fettsäuren, enthalten in pflanzlichen Ölen. Ein Mangel an Fett äußert sich in schlechtem Fell, ein Überschuss zeigt sich im Übergewicht des Hundes.

Eiweiß ist vor allem in allen Sorten Fleisch, Fisch und in Milchprodukten (Quark, alle Sauermilchprodukte, Käse) enthalten. Sojaprodukte enthalten einen hohen Anteil an pflanzlichem Eiweiß. Ein Eiweißmangel in der Nahrung führt zu höherer Infektionsanfälligkeit und verringerter Kondition und Ausdauer. Heranwachsende Hunde haben einen höheren Bedarf an Eiweiß als ausgewachsene Hunde. Genauso benötigen solche, die viel bewegt und körperlich beansprucht werden, mehr Eiweiß und auch Fett als normal aktive Hunde.

Kohlehydrate kommen vor allem in Getreideprodukten vor. Diese Nahrungsmittel enthalten auch die für eine gute Verdauung unentbehrlichen Ballaststoffe.

Der Hund hat einen recht kurzen Verdauungstrakt und ist daher nicht in der Lage, Getreide oder Gemüse in rohem Zustand vollständig zu verdauen. Diese Nahrungsmittel müssen deshalb zerkleinert und erhitzt oder auch gekocht werden, damit der Hund sie verwerten kann.

Unser Tipp:

Die im Handel erhältlichen Hundeflocken sind schon aufbereitet und können dem gekochten Fleisch direkt beigemengt werden.

Mineralstoffe, Vitamine und **Spurenelemente** sind in den bereits genannten Nahrungsmitteln zwar enthalten, aber einen ganz hohen Stellenwert in der Versorgung mit diesen Nahrungsbestandteilen haben Gemüse und Obst. Sie können Ihrem Hund daher ruhig ab und zu Äpfel, Bananen, Trauben oder auch anderes Obst anbieten. Probieren Sie einfach aus, was ihm schmeckt. An Gemüsearten eignen sich alle bis auf die blähenden Sorten wie Kohl, Bohnen oder Erbsen. Man unterscheidet fett- und wasserlösliche Vitamine (siehe Tabelle S. 66). Die wasserlöslichen Vitamine kann der Körper nicht speichern, Überschüsse werden wieder ausgeschieden. Bei Unterversorgung entsteht also rasch ein Mangel. Fettlösliche Vitamine werden vom Körper gespeichert und können bei Bedarf verfügbar gemacht werden. Eine übermäßige Anreicherung kann allerdings gesundheitsschädlich sein.

Wichtig: Wasser ist lebensnotwendiger Ernährungsbestandteil. Frisches Wasser muss deshalb immer zur Verfügung stehen.

Auch Welpen haben Durst

Die wichtigsten Vitamine

Wasserlösliche Vitamine		Symptome bei	
	Vorkommen	Vitaminmangel	Überversorgung
Vitamin-B-Gruppe	in Fleisch, Leber, Hefe (ein Teil der Vitamine der B-Gruppe wird allerdings auch durch die Darmbakterien gebildet)	Haarausfall, verminderte Magensaftsekretion, Appetitmangel, Herzerweiterung/-insuffizienz, Störungen bei der Blutbildung und Nervenleitung	ein Überschuss an wasserlöslichen Vitaminen wird über die Nieren ausgeschieden
Vitamin C	Der Hund ist fähig, Vitamin C selbst aufzubauen		

Fettlösliche Vitamine			
Vitamin A	in Fleisch, Eigelb, Leber (in Blattgemüse, Möhren, Paprika ist reichlich Betacarotin enthalten, aus dem der Hund Vitamin A bilden kann)	Hautveränderungen, Schleimhautentzündungen, Augenerkrankungen	Überempfindlichkeit der Haut, Schwäche in den Gliedmaßen
Vitamin D	in Milch, Käse, tierischen Fetten	beim jungen Hund Störungen im Knochenaufbau (Rachitis)	Gefäßverkalkung, Durchfall, Gewichtsverlust
Vitamin E	Haferflocken, Margarine, Pflanzenöle	Fruchtbarkeitsstörungen, Muskelschwäche	

Futtermenge und Fütterungszeiten

Futtermenge

Siberian Huskies sind bis in die heutige Zeit hinein im Allgemeinen hervorragende Futterverwerter geblieben und sind daher genügsamer als andere, von Gewicht und Größe her vergleichbare Rassen. Das heißt für die Fütterungspraxis, dass sie meist weniger Futter für ihren Erhaltungsumsatz brauchen, als Hersteller bei Fertigprodukten angeben. Als Erhaltungsumsatz bezeichnet man den Kalorienbedarf bei durchschnittlicher Bewegung. Je nach Produkt und Hund können die Angaben auf der Verpackung des Futtermittels um ein Drittel zu hoch sein. Wird der Siberian Husky allerdings als Schlittenhund eingesetzt oder begleitet er Sie täglich auf ausgedehnten Fahrradtouren, dann steigt sein Bedarf natürlich an. So kann es durchaus sein, dass er bei entsprechender Arbeit und tiefen Temperaturen mehr als das Doppelte an Energie verbraucht. Diesem Mehrverbrauch müssen Sie durch eine Erhöhung der Futtermenge Rechnung tragen. Außerdem sollten Sie dem Futter Fett, beispielsweise Schmalz, hinzufügen. Im Arbeitseinsatz steigt auch der Flüssigkeitsbedarf an. Achten Sie darauf, dass der Hund Gelegenheit hat, genug zu trinken (siehe auch „Dehydratation", Tabelle S. 56).

Die Ernährung des Siberian Husky im Leistungssport wird von den „Mushern" besonders sorgfältig gehandhabt. Der Hund erhält ein hochwertiges Futter für arbeitende Schlittenhunde. Manche Musher stellen auch besonders ausgeklügelte Eigenmischungen zusammen. Diese enthalten höhere Anteile an Eiweiß und Fett als Futtermittel, die nur den Erhaltungsbedarf decken.

Welpen erhalten bis zum Alter von 6 Monaten ihre Tagesration auf drei Mahlzeiten aufgeteilt. Junghunde bis zum Alter von 12 Monaten werden zweimal täglich gefüttert. Danach kann man dazu übergehen, nur noch eine Mahlzeit täglich zu geben.

Unser Tipp:

Wenn Ihr Siberian Husky nach 30 Minuten seinen Napf nicht geleert hat, sollten Sie diesen wegnehmen. Dann wird der Hund bei der nächsten Mahlzeit gewiss Appetit haben.

Fütterungszeiten

Um eine optimale Ernährung zu erreichen, ist es sinnvoll, täglich zur gleichen Zeit zu füttern. Anschließend soll der Hund ruhen, damit die Nahrung gut verdaut werden und es nicht zu der gefürchteten Magendrehung kommen kann (siehe Seite 76).

Der Speiseplan

Selbst zubereitetes Futter

Sie können Ihren Siberian Husky durchaus mit selbst zubereitetem Futter ernähren, wenn Sie dabei auf eine ausgewogene Zusammensetzung achten. So benötigt der Hund beispielsweise je nach Altersstufe ein unterschiedliches Verhältnis der Mineralstoffe Calcium und Phosphor. Durch das Fleisch in der Nahrung ist Phosphor immer reichhaltig vorhanden, Calcium muss allerdings in Form von Kalktabletten hinzugefügt werden. Was die richtige Dosierung des Kalkpräparates betrifft, lassen Sie sich am besten von Ihrem Tierarzt beraten. Bei der Zusammenstellung des Futters haben sich folgende Mengenverhältnisse bewährt:

Hunde, die sich noch im Wachstum befinden, erhalten 2 Teile Fleisch (oder andere tierische Eiweißprodukte) und 1 Teil Getreide oder Gemüse (Getreide bzw. Gemüse im täglichen Wechsel).

Für erwachsene Hunde empfiehlt sich 1 Teil Fleisch und jeweils 1 Teil Getreide und Gemüse.

Alternde Hunde ab ca. 7 Jahre benötigen 1 Teil Fleisch, 1 Teil Getreide und 2 Teile Gemüse.

Alle Zutaten werden zerkleinert. Das Fleisch wird gekocht. Spezielle Getreideflocken für Hunde können Sie dem Futter einfach beimengen. Ansonsten werden Getreideprodukte wie Haferflocken und auch Reis, Hirse etc. zusammen mit dem Fleisch gekocht. Die pflanzliche Kost (Karotten, Mais, Spinat etc.) wird kurz erhitzt. Schließlich werden alle Zutaten miteinander vermengt und mit etwas Pflanzenöl (ca. 1 Esslöffel) und Futterkalk dem Hund gereicht.

Wichtig: Süßigkeiten und stark gewürzte Speisen sind für Hunde nicht geeignet.

Fleisch sollten Sie Ihrem Hund wegen möglicher Krankheitserreger generell

Unser Tipp:

Selbst zubereitetes Futter kann durch portioniertes Einfrieren auch auf Vorrat hergestellt werden.

nur gekocht verfüttern. So kann beispielsweise Schweinefleisch die für den Hund gefährlichen Aujeszkyviren enthalten, die nur durch Kochen abgetötet werden. Innereien gehören aufgrund der Schwermetallbelastung nur gelegentlich auf den Speiseplan des Vierbeiners.

██ *Alleinfuttermittel, hier als Dosen- und Trockenfutter, enthalten alles, was der Hund braucht. Sie sollten keine Mineralstoffe oder Vitamine zufüttern*

Fertigfutter

Wem der Zeitaufwand für das Selbstzubereiten des Hundefutters zu hoch ist, der kann seinen Vierbeiner auch mit einem entsprechenden Fertigfutter gesund ernähren. Es enthält alle Nähr-stoffe in gleich bleibend ausgewogenem Verhältnis. Aus der Vielzahl der angebotenen Produkte sollten Sie für Ihren Siberian Husky ein hochwertiges Trockenfutter von guter Qualität und hoher Verdaulichkeit wählen, passend für das jeweilige Alter und die Art der Aktivität.

Wichtig: Das Welpenaufzuchtfutter soll für mittelgroße Rassen geeignet sein.

Trockenfutter ist im Vergleich zu Dosenfutter ergiebiger und damit kostengünstiger – der hohe Wasseranteil, den Sie beim Dosenfutter mitbezahlen müssen, entfällt. Zudem lässt sich Trockenfutter gut auf Vorrat lagern und ist unkompliziert in der Handhabung. Es kann mit oder ohne Wasser gegeben werden, richten Sie sich da nach den Herstellerangaben.

Unser Tipp:

Auch wenn Sie Ihrem Hund das Futter selbst zubereiten, so ist es sinnvoll, ihn ab und an mit einem geeigneten Fertigprodukt zu füttern. Dann ist er daran gewöhnt und nimmt es beispielsweise im Urlaub problemlos an.

Wichtig: Bei der Fütterung von Trockenfutter muss dem Hund unbedingt ausreichend frisches Wasser zur Verfügung stehen. Hat er keine Möglichkeit, ausreichend zu trinken, kann dies zu Nierenschäden führen.

Knochen

Knochen sollten Sie Ihrem Siberian Husky nur sehr sparsam füttern – nicht öfter als einmal pro Woche. In größeren Mengen führen sie zu hartnäckiger Verstopfung. Aber durch die gelegentliche Gabe von Knochen wird die Gefahr der Zahnsteinbildung verringert.

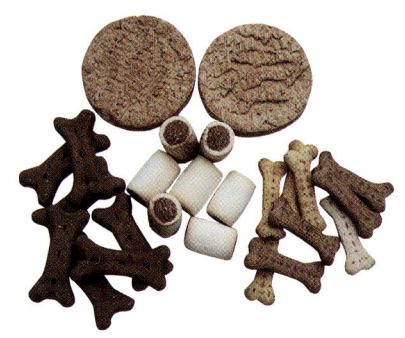

Leckerbissen

Leckerbissen können und sollen Sie zur Belohnung einsetzen. Wenn Ihr Hund rank und schlank ist, brauchen sie nicht der täglichen Futtermenge hinzugerechnet zu werden. Anders sieht es aus, wenn Ihr Siberian Husky Übergewicht hat. In diesem Fall zählt jedes Bröckchen Futter und muss bei der Bedarfsberechnung für das Abspecken berücksichtigt werden.

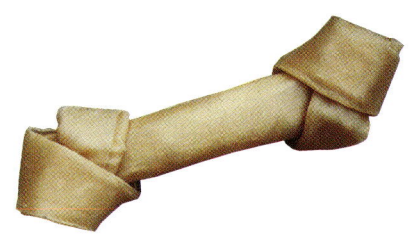

Nicht nur während des Zahnwechsels, auch generell zur Zahnreinigung sind Büffelhautknochen recht nützlich

Am besten eignen sich weiche Kalbsknochen, da sie nicht splittern. Wenn Ihr Hund zur Verstopfung neigt, können Sie ihm als Ersatz einen Büffelhaut-Kauknochen aus dem Zoofachhandel geben.

Ach du dicker Hund!

Sie haben es zunächst gar nicht gemerkt und waren erfreut, wie gut es Ihrem Hund immer geschmeckt hat. Lustig war auch, wenn er den Kindern die Plätzchen aus der Hand klaute. Und gemeinsam ein Täfelchen Schokolade genießen ist zwar nicht erlaubt, aber er schaut doch sooo lieb ... Doch auf einmal sehen Sie ihn an und denken: Ach du dicker Hund!

Wichtig: Ist Ihr Vierbeiner noch in der Wachstumsphase, kann Übergewicht zu Skeletterkrankungen und Deformierungen führen. Die noch nicht ausgereiften Knochen werden durch die zusätzlichen Pfunde überbelastet.

Im Standard des Siberian Husky ist das Gewicht passend zur Größe definiert. Darüber hinaus hat jeder Hund – wie der Mensch – sein persönliches Idealgewicht. Wenn Sie aber die Rippen und das Rückgrat nicht mehr ertasten können, dann ist Ihr Siberian Husky eindeutig zu dick.
Zuerst klärt der Tierarzt ab, ob keine Krankheit hinter dem Übergewicht steckt, denn die müsste zuerst behandelt werden. Erst wenn klar ist, dass allein ein Zuviel an Nahrung schuld an dem Zustand des Hundes ist, wird er auf Diät gesetzt. Eventuell ist es auch nötig, dass das Abnehmen unter ärztlicher Kontrolle stattfindet.

In jedem Fall ist das Abspecken eine mühsame Sache, die viel Geduld und Konsequenz Ihrerseits erfordert. Ersetzen Sie das hochwertige Futter durch ein „Light"-Produkt und reduzieren Sie allmählich die Futtermenge. Eventuell

können Sie auch einen Teil des Futters gegen rohe, geraspelte Karotten austauschen. Roh sind sie für den Hund nahezu unverdaulich, d.h., sie erfüllen lediglich eine Ballaststofffunktion. Diese Art der Fütterung wird beibehalten, bis die überflüssigen Pfunde verschwunden sind. Regelmäßige ausgiebige Bewegung erleichtert das Abspecken. Wenn Ihr Hund schließlich sein Idealgewicht erreicht hat, achten Sie darauf, dass er dieses auch hält.

Wichtig: Naschereien zwischendurch sind nicht erlaubt!

Im Welpenalter kommt Übergewicht praktisch nicht vor

Die Gesundheit

Schutzimpfungen

Wenn Sie den 10 Wochen alten Welpen in Ihre Familie aufnehmen, ist er in der Regel erst das erste Mal geimpft (siehe Impfplan rechts), und zwar gegen folgende vier Infektionskrankheiten:

◆ Staupe
◆ Hepatitis (ansteckende Leberentzündung)
◆ Leptospirose (Stuttgarter Hundeseuche)
◆ Parvovirose (Katzenseuche)

Der Züchter wird Ihnen den Impfpass mitgeben und auch erklären, wie Sie weiter verfahren müssen, damit der Welpe seinen vollen Impfschutz erhält. In der Regel muss diese 4fach-Impfung mit ca. 12 Wochen wiederholt werden. Manche Züchter lassen ihre Welpen auch gegen Zwingerhusten impfen, eine mit der Grippe vergleichbare Erkrankung, die in der letzten Zeit häufiger auftritt.
Nach dem Zahnwechsel, also mit etwa 6 Monaten, soll der Welpe gegen Tollwut geimpft werden.

Wichtig: Bevor Ihr Welpe seine Wiederholungsimpfung bekommen hat, d.h. vor der 12. Lebenswoche, besteht noch Ansteckungsgefahr. Deshalb sollten Sie beispielsweise auch Hundetoiletten, wie sie manche Städte eingerichtet haben, mit Ihrem Welpen anfangs meiden.

Regelmäßige Nachimpfungen (siehe Impfplan rechts) sind auch für den er-

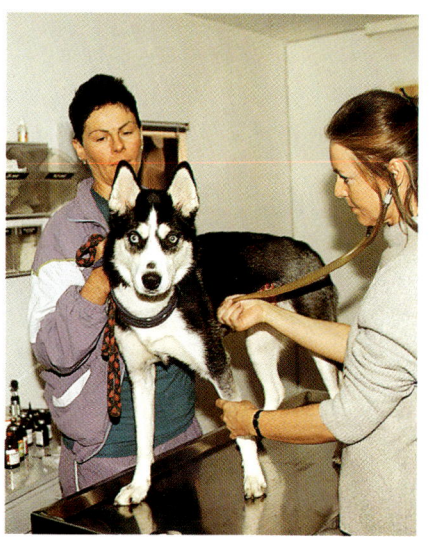

■ *Der Siberian Husky beim Gesundheitscheck*

Impfplan

Erstimpfung (Grundimmunisierung)	8. Lebenswoche	Impfung gegen Staupe, Hepatitis c. c., Parvovirose, Leptospirose und evtl. Zwingerhusten. Ist die Impfung beim Züchter erfolgt, auf entsprechende Eintragungen im Impfpass achten!
	12. Lebenswoche	Impfung wie oben
	ca. 4.–6. Lebensmonat (nach dem Zahnwechsel)	Impfung gegen Tollwut
1. Wiederholung	nach 1 Jahr	gegen alles plus Tollwut
Weitere Wiederholungen	jährlich	Tollwut, Leptospirose, Parvovirose
	alle 2 Jahre	Staupe, Hepatitis c. c.

In Sonderfällen, etwa bei kranken und verletzten Hunden, besonderer Infektionsgefahr oder anderem, wird der Tierarzt den Plan entsprechend ändern.

wachsenen Hund unbedingt erforderlich. Durch die Öffnung der Grenzen zu den ehemaligen Ostblockländern und durch eine gewisse Impfmüdigkeit ist zum Beispiel eine Zunahme der Staupe festgestellt worden. Die Parvovirose ist ohnehin eine ständige Gefahr.

Wichtig: Die Tollwutschutzimpfung ist Voraussetzung, um mit dem Hund ins Ausland reisen zu können, und für den Besuch von Ausstellungen.

Verletzungen und allgemeine Erkrankungen

Wenn Sie hundeerfahren sind oder Ihren Siberian Husky schon länger haben, werden Sie gewiss bemerken, wenn mit ihm etwas nicht in Ordnung ist. Siberian Huskies sind allerdings recht hart im Hinnehmen von Erkrankungen. Bleibt Ihr Hund daher lustlos auf seinem Platz liegen, mag sein geliebtes Futter nicht und schaut Sie aus müden Augen an, dann besteht meist unverzüglicher Handlungsbedarf. Überprüfen Sie zunächst rektal seine Temperatur. Diese liegt beim gesunden Hund bei etwa 38,5 °C. Ab 39 °C spricht man von überhöhter Temperatur und über 39,5 °C gelten als Fieber. Liegt die Temperatur unter 36 °C, so hat der Hund Untertemperatur. In beiden Fällen ist es nötig, den Tierarzt zu Rate zu ziehen.

Nach wildem Toben im Garten oder Springen aus größerer Höhe kann es passieren, dass der Hund plötzlich humpelt. Bleiben Sie ruhig und beobachten Sie ihn. Vielleicht hat er sich nur versprungen und das Problem regelt sich rasch von allein. Äußert er aber Schmerzen und schont eindeutig ein Bein oder haben Sie den Verdacht, dass ein Knochen gebrochen sein könnte, so ist ein Besuch beim Tierarzt unumgänglich.

Kleine Hautverletzungen werden zunächst auf herkömmliche Weise antiseptisch behandelt. Sie sollten sie aber weiter beobachten, um sich verschlimmernde Entzündungen rechtzeitig zu erkennen.

Hält der Hund ständig den Kopf schief und schüttelt ihn oder niest er ohne Unterlass und schnieft krampfartig, so ist wahrscheinlich ein Fremdkörper in Ohr bzw. Nase eingedrungen.

Falls Ihre Entfernungsversuche nicht gleich erfolgreich sind, sollten Sie den Hund besser zum Tierarzt bringen. Andernfalls besteht die Gefahr, dass die Fremdkörper durch Ihre Manipu-

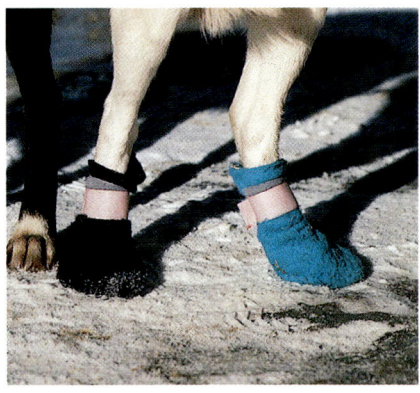

Booties (Hundeschuhe), hier aus Fleece, schützen die Pfoten im verharschten Schnee oder auch bei Verletzungen

lationen noch tiefer in Gehörgang bzw. Nase rutschen.

Tränende oder gerötete Augen deuten auf eine Bindehautentzündung hin. Hier ist ebenfalls die Hilfe des Tierarztes vonnöten, gleichzeitig sollten Sie den Hund aber auch vor Zugluft schützen. Hautausschläge und Ekzeme müssen ebenfalls vom Tierarzt behandelt werden.

Im Winter wird die zarte Haut zwischen den Zehen oft durch Streusalz gereizt. Sie ist dann gerötet und verursacht Juckreiz.

Wichtig: Reinigen Sie die Pfoten Ihres Hundes bei winterlichen Straßenverhältnissen nach Spaziergängen sorgfältig vom Streusalz.

Schließlich kann auch das Gebiss eines Siberian Husky Probleme machen. Es kann so stark von Zahnstein befallen sein, dass dem Hund die Aufnahme von Trockenfutter oder das Knochenkauen schwer fällt. Dann ist es erforderlich, dass der Tierarzt diesen Belag entfernt. Grundsätzlich sollten die Zähne regelmäßig auf Zahnstein kontrolliert werden. Leichtere Beläge können Sie mit Schlämmkreide oder einer speziellen Zahnpasta für Hunde entfernen.

Unser Tipp:

Geben Sie Ihrem Siberian Husky alle 1–2 Wochen einen Büffelhautknochen. Durch das Kauen wird die Bildung von Zahnstein vermindert.

Abschließend die Empfehlung: Beobachten Sie Ihren Hund immer sorgfältig und gehen Sie in Zweifelsfällen lieber einmal öfter zum Tierarzt. Dort ist es dann wichtig, dass Sie ganz genau Ihre Beobachtungen schildern, damit der Tierarzt alle für eine Diagnose nötigen Informationen erhält.

Kontrollieren Sie regelmäßig das Gebiss Ihres Hundes!

Störungen und Erkrankungen des Verdauungsapparates

Siberian Huskies sind oft wahre Allesfresser und machen auch vor unverdaulichen Dingen nicht Halt. Wenn Ihr Vierbeiner einen Stein, Plastikteilchen vom Kinderspielzeug oder andere scharfkantige oder spitze Gegenstände verschluckt hat, so ist eine bewährte Erste-Hilfe-Maßnahme, dem Hund rohes Sauerkraut zu füttern, notfalls auch zwangsweise. Häufig gelingt es mit Hilfe des Sauerkrautes, den unverdaulichen Unrat auf normalem Weg über den Darm zu entfernen. In jedem Fall müssen Sie den Hund 1–2 Tage sorgfältig im Auge behalten. Verändert sich sein Verhalten, tritt Brechreiz ein, ohne dass der verschluckte Gegenstand ausgebrochen wird, so ist ein rascher Besuch beim Tierarzt nötig. Dieser wird abklären, ob ein Magen- oder Darmverschluss vorliegt, und entsprechend handeln.

Es kann auch einmal vorkommen, dass der Hund scheinbar grundlos erbricht. Bleibt es bei dem einen Mal oder geschieht es nur gelegentlich, so brauchen Sie sich keine Sorgen zu machen; Hunde erbrechen relativ leicht. Hat Ihr Siberian Husky Durchfall und erbricht, ist aber ansonsten munter und hat Appetit, so ist es vielleicht nur eine kleine Unpässlichkeit, zum Beispiel ein zu plötzlicher Futterwechsel. Hier hilft es oft, dem Hund 1–2 Tage lang eine Schonkost (siehe auch Tabelle S. 82/83) zu füttern.

Halten Erbrechen und Durchfall allerdings an oder ist gar Blut dabei, so muss unbedingt der Tierarzt zu Rate gezogen werden. Neben der Erkrankung (Infektion, Magenschleimhaut- oder Darmentzündung, eventuell Vergiftung) können nämlich der Wasserverlust und die dadurch drohende Austrocknung lebensbedrohlich sein!

Auch die Parvovirose, die seit 1981 in Deutschland bekannt ist und sich zeitweise stark verbreitet, zeigt Symptome wie Erbrechen und krampfartige, wässrige, übel riechende und blutige Durchfälle. Der körperliche Verfall ist rasch und der Verlauf meist tödlich. Selbst für den Tierarzt ist es manchmal nicht möglich, das Leben des Hundes zu retten.

Zum Abschluss soll an dieser Stelle noch die **Magendrehung** angesprochen werden. Sie ist zwar relativ selten, aber auch sehr gefährlich und tritt besonders bei großen Hunden auf. Dabei verdreht sich der Magen so, dass Gärgase nicht entweichen können und der Hund auch nicht erbrechen kann.

Als Symptome zeigt das Tier vermehrte Unruhe und vergebliches Würgen. Außerdem bläht sich der Leib zunehmend auf. Unbehandelt führt die Magendrehung innerhalb weniger Stunden zum Tod. Als Auslöser für diesen Krankheitskomplex gilt reichliche Fütterung in Verbindung mit viel Bewegung oder Stress. Deshalb sollte Ihr Siberian Husky nach jeder Mahlzeit auch erst einmal eine Ruhepause einlegen und nicht springen oder herumtollen.

Parasiten

Spulwürmer

Wenn Sie bei Ihrem Hund Würmer feststellen, so kann es sich um Spulwürmer handeln. Sie sind weiß, bis zu 10 cm lang und werden mit dem Kot ausgeschieden, wo sie dann meist gut sichtbar sind. Die derzeit gebräuchlichen Wurmmittel sind verschreibungspflichtig und wirken in der Regel gegen verschiedene Wurmarten. Bereits als Welpen werden die Hunde erstmals beim Züchter entwurmt. Danach sollten Sie bei Ihrem Vierbeiner im ersten Lebensjahr vierteljährlich, später etwa dreimal jährlich – wenn kein Befall andere Maßnahmen erfordert – eine Entwurmung durchführen.

Bandwürmer

Zwischenwirt für die bei Hunden am meisten vorkommende Bandwurmart ist der Floh. Wird ein infizierter Floh vom Hund zerbissen, so wird sich beim Hund ein Bandwurm entwickeln. Mit dem Kot scheidet der Hund dann reiskornähnliche, bewegliche Wurmglieder aus, die auch in seiner Aftergegend zu finden sind. Bei starkem Bandwurmbefall wird der Hund auch abmagern. Hat der Tierarzt bei Ihrem Siberian Husky einen Bandwurmbefall festgestellt, so wird er ein Spezialmittel geben, da die anderen Wurmmittel in diesem Fall nicht wirksam sind.

Flöhe

Flöhe können von anderen Tieren, beispielsweise von Igeln, die oft wahre „Flohinseln" sind, auf den Hund überspringen. Wenn Ihr Vierbeiner sich oft kratzt, so könnte er von Flöhen geplagt werden. Hinter den Ohren, im Kehl-

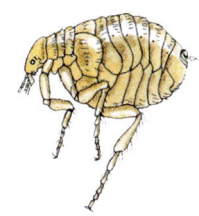

Hundefloh in ca. 10-facher Vergrößerung

bereich oder am Rutenansatz sind beliebte Bissstellen dieser Schmarotzer. Wenn Sie dort kleine, schwarze Krümel finden, so ist dies ein sicherer Beweis für einen Flohbefall, denn bei den Krümeln handelt es sich um Flohkot. Flöhe besuchen ihr Wirtstier nur zur Einnahme ihrer „Mahlzeiten". In der übrigen Zeit leben sie im Umfeld des Hundes, auf seiner Decke, in Teppichen, im Stroh der Zwingerhütte. Um die Flöhe zu bekämpfen, muss daher vor allen Dingen die Umgebung des Siberian Husky behandelt werden. Die Hundedecke sollte regelmäßig gewaschen, der Teppich häufig gesaugt oder das Stroh erneuert werden. Für die Behandlung des Hundes sollten Sie tierärztlichen Rat einholen. Schließlich wird den Flöhen mit Gift zu Leibe gerückt, da ist eine sorgfältige Prüfung der Umstände vor einer Entscheidung für ein bestimmtes Mittel einfach nötig.

Zecken

Zecken lauern auf Sträuchern und Gräsern ihren „Wirten" auf, lassen sich von dort auf vorbeikommende Warmblüter fallen, bohren sich in deren Haut und ernähren sich vom Blut ihrer Opfer. Anfangs sehen die Plagegeister wie kleine Warzen aus, vollgesogen erreichen sie Erbsengröße. Wenn die Parasiten vollgesaugt sind, fallen sie von alleine ab. Entdecken Sie am Hund eine Zecke, so sollten Sie diese möglichst umgehend entfernen. Sie können dazu eine Zeckenzange (siehe Abbildung) verwenden oder die Zecke zwischen Daumen und Zeigefinger halten und mit einer Drehung herausziehen. Zecken können mit ihrem Speichel gefährliche Infektionskrankheiten, wie zum Beispiel die Borreliose, auf Menschen und Hunde übertragen. Gegen die Hirnhautentzündung, die auch von Zecken übertragen wird, kann man sich seit einiger Zeit impfen lassen.

Vollgesogene Zecke in ca. 4-facher Vergrößerung

Mit dieser Zeckenzange lassen sich auch kleine Zecken gut entfernen

Erkrankungen der Hündin

Scheinträchtigkeit

Viele Hündinnen werden nach ihrer Läufigkeit scheinträchtig. Der Grad der Ausprägung und die Dauer der Scheinträchtigkeit sind sehr unterschiedlich. Erste Symptome treten etwa 8 Wochen nach der Läufigkeit auf – also zu dem Zeitpunkt, an dem die Hündin ihre Welpen bekommen würde, wäre sie gedeckt worden. Sie benimmt sich seltsam, baut „Nester", bemuttert ihr Spielzeug, ist abweisend zu anderen Hündinnen. Im schlimmsten Fall schwillt das Gesäuge an, und die Milchbildung setzt ein.

Das Gesäuge sollten Sie wegen möglicher Komplikationen regelmäßig kontrollieren. Fühlt es sich heiß an, schaffen kalte Umschläge mit essigsaurer Tonerde oft Abhilfe. Sicherheitshalber sollten Sie aber in einem solchen Fall auch den Tierarzt um Rat fragen. Bei Hündinnen, die regelmäßig, also nach jeder Läufigkeit, scheinträchtig werden, ist eine Kastration in Erwägung zu ziehen.

Unser Tipp:

Lenken Sie die Hündin durch ausgiebige Spaziergänge ab.

Wichtig: Die Veranlagung, scheinträchtig zu werden, wird nicht dadurch unterbrochen, dass die Hündin einmal Welpen bekommt. Erfahrungsgemäß ist das Gegenteil oft der Fall, d.h., Hündinnen werden nach dem ersten Wurf erstmals scheinträchtig.

Gebärmutterentzündung

Die Ursache für eine Gebärmutterentzündung sind meist Hormonstörungen. Verdächtige Anzeichen sind:

◆ verstärkter Durst bei gleichzeitiger Futterverweigerung
◆ erhöhte Temperatur oder Fieber
◆ Ausfluss (er kann auch fehlen)
◆ rasche Zunahme des Bauchumfangs
◆ Auftreten dieser Symptome ca. 8 Wochen nach der letzten Läufigkeit

Bei geringsten Verdachtsmomenten ist ein Tierarzt hinzuzuziehen. Siberian Husky-Hündinnen sind hart im Nehmen, oft ist die Krankheit schon in einem weit fortgeschrittenen Stadium, bevor Sie etwas bemerken. Dann ist es häufig nötig, die Gebärmutter entfernen zu lassen. Frühzeitig erkannt, kann eine Behandlung mit Antibiotika Erfolg haben. Tritt eine Gebärmutterentzündung wiederholt auf, dann ist es ratsam, die Hündin kastrieren zu lassen.

Die immer noch weit verbreitete Meinung, dass jede Hündin einmal im Leben Junge gehabt haben sollte, ist medizinisch längst widerlegt

Kastration

Bei der Kastration werden die Keimdrüsen entfernt, d.h. beim Rüden die Hoden und bei der Hündin die Eierstöcke. Bei Hündinnen wird darüber hinaus in der Regel auch die Gebärmutter mit entfernt. Im Gegensatz zur Kastration werden bei der Sterilisation nur die Samen- bzw. Eileiter unterbunden. Viele Hundebesitzer stehen einer Kastration recht skeptisch gegenüber, obwohl die Vorteile für den Hundehalter, der mit seinem Hund nicht züchten will, auf der Hand liegen. Nach dem Eingriff bleiben bei der Hündin Scheinschwangerschaften aus und auch die gefährlichen Gebärmutterentzündungen gehören der Vergangenheit an. Kastrierte Rüden werden oft ruhiger und versuchen nicht mehr, um jeden Preis jeder gerade läufigen Hündin in der Umgebung einen Besuch abzustatten.

Nachwirkungen außer einer Veränderung des Haarkleides – es wird dichter und etwas länger – sind recht selten. Gewichtsproblemen können Sie vorbeugen, indem Sie von vornherein das Futter um etwa ein Drittel reduzieren. Schließlich ist für kastrierte Hunde der „Sexual-Stress" vorbei und damit sinkt ihr Energiebedarf.

Zinkmangel-analoge Dermatose

Der Siberian Husky ist im Allgemeinen ein recht robuster und gesunder Hund. Eine Erkrankung, die so genannte Zinkmangel-analoge Dermatose, scheint aber rassetypisch zu sein. Dabei handelt es sich um eine Hauterkrankung. Sie tritt in Schüben auf und zeigt sich durch graubraune krustige Auflagerungen mit nachfolgendem Haarverlust und geröteter wunder Haut, vornehmlich an den Lefzen und Augenrändern, auf dem Nasenrücken und unter dem Kinn. Selten breitet sich das Krankheitsbild auch auf den übrigen Körper aus. Manchmal verschwinden die Hautveränderungen von alleine, manchmal hilft Zinksalbe oder auch eine Erhöhung des Zinkgehalts im Futter. Zink kann dem Futter in Form von Zinksulfat beigefügt werden. Die Dosierung beträgt 10 mg Zinksulfat pro 1 kg Lebendmasse oder 2 mg Zink pro 1 kg Lebendmasse. Einem 20 kg schweren Hund müsste man entsprechend täglich 200 mg Zinksulfat mit dem Futter verabreichen.

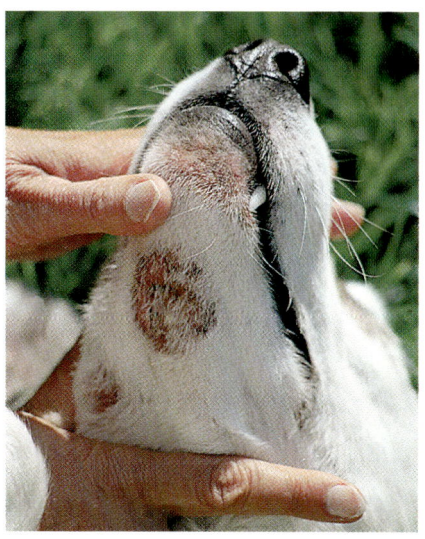

■ Die graubraunen krustigen Ablagerungen sind deutlich zu erkennen

Die Ursachen der Zinkmangel-analogen Dermatose sind bislang nicht genau bekannt. Zunächst machte man Zinkmangel dafür verantwortlich, doch konnte ein Mangel an Zink im Blut befallener Hunde nicht nachgewiesen werden. Möglicherweise spielt Stress eine Rolle.

Sie sollten daher die Haltung des Hundes dahingehend überprüfen, ob der Vierbeiner durch Training, Wettkampf, Konkurrenzdruck durch Artgenossen usw. einem zu großen Stressfaktor ausgesetzt ist. Diesen gilt es dann zu reduzieren. Weitere Faktoren, die mit in die Überlegungen einbezogen werden müssen, sind hormoneller Art. So tritt die Erkrankung beim Rüden vielleicht gerade dann auf, wenn eine Hündin in seiner Nähe läufig ist. Oder eine Hündin erkrankt während der Zeit, in der sie ihre Welpen säugt. Auch allergische Reaktionen oder ein Mangel an Fettsäuren werden als Verursacher gegenwärtig von den Forschern diskutiert. Schließlich hat man festgestellt, dass die Zinkmangel-analoge Dermatose familiär gehäuft vorkommt, sie ist also eventuell auch erblich bedingt.

Häufige Verletzungen und Erkrankungen

Verletzungen/Erkrankungen der Haut	Symptome	Behandlung
kleine Hautverletzung (Abschürfung, kleiner Schnitt usw.)		antiseptische Wundversorgung nach Reinigung
größere oder tiefere Verletzung (Biss, Unfall)		Wundfläche steril abdecken; weitere Versorgung (Nähen, Antibiotikum) durch den Tierarzt
Ekzem, Ausschlag, Allergie	intensives Belecken bei nässenden Hautstellen; vermehrtes Kratzen, teilweise Stellen schuppig	durch den Tierarzt (Ursache muss gefunden werden, da sonst Wiederholungsgefahr)
Fremdkörper im Ohr	Kratzen im Ohrbereich, Kopfschütteln, Schiefhalten des Kopfes	mit stumpfer Pinzette herausziehen, falls er nicht zu tief im Gehörgang sitzt, sonst Entfernung durch den Tierarzt
Fremdkörper in der Nase	ständiges Niesen, krampfartiges Einziehen der Luft	Behandlung analog wie bei Fremdkörper im Ohr
Parasitenbefall		
Flöhe	vermehrtes Kratzen, allergische Reaktionen	bei Erstbefall Tierarzt; bei Neubefall können die verordneten Mittel selbst besorgt werden
Zecken		mit Zeckenzange herausziehen oder mit den Fingern linksherum herausdrehen
Ohrmilben	Kratzen im Ohrbereich, Kopfschütteln, Schiefhalten des Kopfes, Ohrgeruch	durch den Tierarzt; Reinigung, Behandlung mit abtötenden Emulsionen
Erkrankungen der Augen		
Bindehautentzündung	tränende Augen, Lichtempfindlichkeit, Rötungen	durch den Tierarzt; Reizung der Augen durch Haare, Zug, Rauch usw. vermeiden
Hornhautentzündung	Eintrübung der Hornhaut, lichtscheu	(siehe Bindehautentzündung)

Verletzungen der Gliedmaßen		
Stauchung, Zerrung	Humpeln, evtl. auch Anschwellen des Beins	bei leichtem Humpeln Schonung (Herumtollen vermeiden); bei starkem Humpeln oder Anschwellen des Beins zum Tierarzt
Brüche	abnorme Haltung oder Drehung des Beins, Schwellung, Blutung bei offenem Bruch	durch den Tierarzt; bei offenem Bruch zuerst sterile Abdeckung
Erkrankungen des Verdauungsapparats		
einmaliges Erbrechen	Hund fühlt sich trotzdem wohl	keine Behandlung nötig
wiederholtes Erbrechen	Hund fühlt sich unwohl, verweigert Futter	durch den Tierarzt (mögliche Ursache: Infektion, Fremdkörper, Organerkrankung)
Durchfall	dünner Stuhl, Hund fühlt sich trotzdem wohl und hat auch kein Fieber	durch Diät (Zwieback, schwarzer Tee mit etwas Salz, Haferschleim)
anhaltender Durchfall	Hund fühlt sich unwohl; Bauchdecke verspannt und gebläht; Darmgeräusche	durch den Tierarzt (Antibiotikum, Regulierung des Wasserhaushalts)
Parasitenbefall		
Würmer	Schlittern auf der Hinterhand; bei starkem Befall Nachlassen der Kondition und Abmagerung	durch den Tierarzt, er verordnet wirksames Wurmmittel (regelmäßige vorbeugende Entwurmung alle 3 Monate)
Erkrankungen der Hündin		
Scheinträchtigkeit (Auftreten meist einige Wochen nach der Läufigkeit)	Gesäuge schwillt an; Hündin verlässt ungern ihr Körbchen, Spielzeug wird wie Welpen bemuttert	Hündin viel Bewegung bieten, ggf. Körbchen und „Ersatzwelpen" wegnehmen, Kühlen des Gesäuges; ggf. Tierarzt
Gebärmutterentzündung	Appetitlosigkeit, vermehrter Durst, erhöhte Temperatur oder Fieber, blutig-eitriger Ausfluss (kann auch ausbleiben)	nur durch den Tierarzt! (bei Wiederholung Kastration empfehlenswert)

Ein paar Worte zum Züchten

Hunde züchten setzt voraus, dass Sie Kenner der Rasse, des Rassestandards und der Zuchtlinien sind und sich auch mit den Grundlagen der Vererbungslehre befasst haben. Züchten ist also weit mehr, als nur „einmal im Leben der Hündin" Welpen zu produzieren. Letzteres ist reine Hundevermehrung und für das Lebensglück der Hündin nicht nötig. Ein Züchter hat immer das Ziel, zur Verbesserung der Rasse beizutragen! Er übernimmt Verantwortung – für die Rasse, für die Verpaarung und für den Nachwuchs. Züchten bedeutet schließlich auch, sich dem Reglement der Zuchtverbände zu unterwerfen und sich an die Auflagen zu halten. Wer einfach Tiere, mögen sie auch derselben Rasse angehören und anerkannte Zuchtpapiere besitzen, verpaart, ohne sie auf ihre Zuchttauglichkeit überprüfen zu lassen, reiht sich in die lange, unrühmliche Reihe der Hundevermehrer ein.

Die Zuchtvereine haben gewisse Kriterien entwickelt, nach denen Tiere für die Zucht zugelassen werden. Ein Spezialzuchtrichter, der Fachmann für diese Rasse ist, überprüft die Hunde auf ihre Standardkonformität. Tiere mit zuchtausschließenden Merkmalen wie zum Beispiel Übergröße, fehlerhafter Gebissschluss (Rückbiss/Vorbiss), fehlerhafte Fellstruktur oder Wesensschwäche erhalten keine Zuchtzulassung. Darüber hinaus werden die Hunde auch auf Erbkrankheiten wie zum Beispiel die Hüftgelenksdysplasie (HD) und erbliche Augenkrankheiten untersucht. Außerdem überprüft der Zuchtverein regelmäßig die Zwingeranlagen und Würfe seiner Züchter.

Die Welpen dürfen erst nach der Wurfabnahme, sie erfolgt durch einen Zuchtwart des Vereins, abgegeben werden. Damit wird sichergestellt, dass alle Welpen geimpft, entwurmt, tätowiert und mindestens 9 Wochen alt sind, wenn sie vom Züchter weggehen. Schließlich muss auch die Aufzucht artgerecht erfolgen, damit die Welpen zu gesunden und wesensfesten Hunden heranwachsen können. Ohne positiven Sozialkontakt zum Menschen während ihrer Prägungsphase, werden sie ihren neuen Besitzern als verhaltensgestörte, fehlentwickelte Tiere wenig Freude bereiten.

Welche Voraussetzungen müssen Sie mitbringen?

Wenn Ihre Hündin die Zuchtvoraussetzungen des Vereins erfüllt und Sie mit ihr züchten wollen, sollten Sie nun genau prüfen, ob auch Sie selbst alle Voraussetzungen erfüllen, um Ihr Vorhaben in die Tat umsetzen zu können. Die unten stehende Checkliste soll Ihnen dabei helfen.

Dieses Büchlein kann das Thema Zucht nicht erschöpfend behandeln, das würde den Rahmen sprengen. Wenn Sie alle Voraussetzungen erfüllen und bereit sind, alle mit Zucht und Aufzucht verbundenen Mühen und Kosten auf sich zu nehmen, so wenden Sie sich für die weitere Beratung an einen der zuständigen Rassehundezuchtvereine. Adressen hierzu finden Sie im Anhang.

Wichtig: Bevor die Hündin läufig ist, müssen Sie sich um die Zuchtformalitäten kümmern.

Checkliste *Voraussetzungen für die Zucht*

♦ *Habe ich genügend Platz, um einen Wurf großzuziehen?*

♦ *Würden die Nachbarn den Lärm durch die Welpen akzeptieren?*

♦ *Habe ich genügend Zeit für die Aufzucht, notfalls auch einmal Zeit rund um die Uhr?*

♦ *Steht die ganze Familie hinter dem Vorhaben?*

♦ *Habe ich Kenntnisse über die Rasse, den Standard, die verschiedenen Zuchtlinien?*

♦ *Habe ich Grundkenntnisse über Geburtsverlauf, Erstversorgung und Aufzucht der Welpen?*

♦ *Kann ich die Welpen positiv für ihr zukünftiges Leben prägen, indem ich Kontakte auch zu fremden Menschen und Spielstunden in der Familie ermögliche?*

♦ *Habe ich die Möglichkeit, Tiere, für die ich zunächst keinen geeigneten Platz finde, länger, oder wenn es sein muss, für immer zu behalten?*

In Ehren alt geworden

Es sollte selbstverständlich für Sie sein, dass Sie Ihrem Hund, der Sie all die Jahre durch Ihr Leben begleitet hat und Ihnen zu vielen unvergesslichen Erlebnissen verholfen hat, in seinem letzten Lebensabschnitt Ihre volle Zuwendung und Aufmerksamkeit schenken. Seine kleinen Gebrechen verlangen Ihre Geduld und Rücksichtnahme. Sei es, dass er nicht mehr ganz zuverlässig sauber ist und im Schlaf etwas Urin verliert, dann muss die Decke eben öfter gewaschen werden. Sei es, dass Sehkraft und Gehör nachgelassen haben und Sie ihn aus dem Garten holen müssen, wenn er Ihr Rufen nicht hört.

Wichtig: Der Schlafplatz des alten Siberian Husky soll trocken und zugfrei sein, auch wenn der Hund es früher vorgezogen hat, stundenlang ungeschützt im Garten oder Zwinger auf der Erde liegend zu schlafen oder zu dösen. Nässe kann Nierenschäden auslösen oder zu Rheuma führen.

Auch mit 13 Jahren noch ein begeisterter Mäusejäger

Die Ernährung im Alter

Im Alter sollten Sie Ihren Siberian Husky bevorzugt mit einem hochwertigen Senior-Futter ernähren, denn er benötigt nun eine etwas andere Nahrungszusammensetzung: Um die Nieren zu schonen, soll das Eiweiß von hervorragender Qualität sein, der Anteil an Eiweiß aber niedriger als zu den Zeiten, als der Hund noch regelmäßig als Schlittenhund im „Arbeitseinsatz" war. Auch der Fettgehalt des Futters sollte jetzt geringer sein. Dafür benötigt der Senior etwas mehr Calci-

um, weil der Organismus in der gesamten Zellerneuerung, auch der der Knochen, langsamer geworden ist.

Möglich, dass Ihr Hund im Alter zu Verstopfung neigt, das Problem lässt sich mit einer Trockenpflaume, dem täglichen Futter beigefügt, lösen. Vielleicht hat er auch häufig keinen rechten Appetit. Dann wirkt ein wenig Katzenfutter aus der Dose, dem Seniorfutter beigemengt, oft Wunder. Klar, dass auch der alte Hund ständig frisches Wasser zur Verfügung haben muss. Oft haben alte Vierbeiner ein größeres Bedürfnis zu trinken.

Die richtige Bewegung

Mit den Jahren wird Ihr Hund ein recht angenehmer Begleiter auf Spaziergängen geworden sein. Der immense Drang nach vorne hat doch etwas nachgelassen – zumindest ist dies bei vielen alten Siberian Huskies der Fall –, sodass die Spaziergänge weniger anstrengend werden.

In den langen Jahren des Zusammenlebens haben Sie ihn genau kennen gelernt. Sie wissen sein Verhalten einzuschätzen und können damit selbst am besten erkennen, wie viel Ihr Hund noch leisten will und kann. Feste Regeln dafür gibt es nicht. Der eine Siberian Husky läuft mit 12 Jahren noch gerne in seinem Schlittenhundegespann mit, der andere hat bereits mit 10 Jahren gewisse Altersprobleme mit seinem Bewegungsapparat und ist zufrieden, wenn er mal kurz zum „Zeitungslesen", das heißt zum Schnüffeln, um die vier Ecken geführt wird.

Im Alter weren die Spaziergänge ruhiger

Der Abschied

Siberian Huskies bleiben meist lange fit und können durchaus 12–14 Jahre und in einzelnen Fällen auch noch älter werden. Eine recht stattliche Anzahl von Jahren also, die bei jeglicher Planung, wie zum Beispiel einer eventuellen Hinwendung zum Schlittenhundesport, gut bedacht sein will. Wenn sich schließlich die eine oder andere alterstypische Erkrankung einstellt, dann ist das normal. In einigen Fällen kann sicher der Tierarzt den Krankheitsverlauf mildern. Werden die Schmerzen aber irgendwann unerträglich oder hat der Hund seine ganze Lebensqualität eingebüßt, dann sollten Sie ihn erlösen. Ihn leiden zu lassen ist keine Tierliebe! Machen Sie sich klar, Ihr Hund lebt immer für den Augenblick. Er jammert nicht der Vergangenheit nach und fürchtet sich nicht vor der Zukunft. Er wächst hinein in seine altersbedingten Schwächen und nimmt sie hin, bis ihn die Kraft verlässt. Sie haben ihn in seinem letzten Lebensabschnitt gut beobachtet und haben hoffentlich auch einen Tierarzt, der Sie ehrlich berät. Denn irgendwann ist dieser gefürchtete Tag da, an dem es Abschied nehmen heißt.

Anhang

Glossar

Agility: Hindernis-Parcours-Sport für Hund und Mensch

AKC: American Kennel Club, stellt in USA anerkannte Abstammungsnachweise aus

Booties: Hundeschuhe aus Fleece oder Nylon, um die Pfoten auf verharschtem Schnee vor Verletzungen zu schützen

Brush bow: Bogen an der Schlittenfront, dient zum Schutz der Hunde und als „Astabweiser"

dhv: Deutscher Hundesportverband, Mitglied im VDH

F.C.I.: Fédération Cynologique Internationale. Weltweiter Dachverband für die nationalen Rassehundezuchtverbände

„gee": Kommando im Schlittenhundesport für „rechts"

„haw": Kommando im Schlittenhundesport für „links"

Lösen: Absetzen von Kot oder Urin

Musher: Schlittenhundeführer, abgeleitet vom französischen „marcher" = gehen, aus dem die Amerikaner „mush" machten

Neckline: kurze Leine, die die Halsbänder zweier Leithunde verbindet oder die das Halsband des jeweiligen Hundes im Gespann mit der Zentralleine verbindet

Notleine: ca. 3–6 m lange Leine, um unterwegs den Schlitten anbinden zu können

Pulka: aus Skandinavien stammender kleiner, bootförmig geformter Schlitten aus Holz oder Kunststoff, der von einem oder mehreren Hunden mittels Zuggestänge gezogen wird. Der Schlittenhundeführer begleitet dieses „Skandinaviergespann" auf Langlaufski, durch eine Leine mit dem Gefährt verbunden

Rollpulka: Gefährt auf Rädern, ersetzt die Pulka auf schneefreiem Untergrund

Schneeanker: Metallkralle, mit einem Seil an der Zentralleine befestigt; wird benutzt um das Gespann am Start oder unterwegs anzuhalten, greift bei Zug in den Schnee. Bei den mitteleuropäischen Schneeverhältnissen nicht sehr zuverlässig wirksam

Stake-out: Anbindevorrichtung für Schlittenhunde auf Rennveranstaltungen oder beim Training. Von einer stabilen Kette gehen einzelne Ketten für die Hunde ab. Am Stake-out werden die Hunde gefüttert, getränkt und eingeschirrt

Trail: Renn- oder Tourenstrecke

VDH: Verband für das Deutsche Hundewesen, Dachverband der deutschen Rassehundezuchtvereine, Mitglied in der F.C.I.

„whoa": Kommando im Schlittenhundesport für „steh"

Zentralleine: Hauptzugleine zwischen Schlitten oder Wagen und den Leithunden

Zugleine: Leine zwischen dem Geschirr des jeweiligen Hundes und der Zentralleine

Kontaktadressen

Deutschland

Verband für das Deutsche Hundewesen e.v. (VDH)
Westfalendamm 174
44141 Dortmund
Tel.: 0231/56500-0

Deutscher Club für Nordische Hunde
e.v. (DCNH)
Am Flinthörn 20
26842 Ostrhanderfehn
Tel. u. Fax: 04952/6524

Deutscher Hundesportverband e.v.
(dhv)
Postfach 6006
44517 Lünen
Tel.: 0231/87949
(für alle Hundesportarten außer
Schlittenhundesport zuständig)

Arbeitsgemeinschaft Schlittenhunde-
sport Deutschland (AGSD)
Geschäftsstelle: S. Schnell
Sellmecke 5
57392 Schmallenberg
Tel.: 02971/87452
Fax: 02971/86008
(Dachverband für Schlittenhundesport
mit Hunden, die einer der 4 anerkann-

ten Schlittenhunderassen angehören
und F.C.I. – anerkannte Abstammungsnachweise haben)

Deutscher Schlittenhundesportverband
(DSSV)
Geschäftsstelle: U. Schmidt
Postfach 1116
67445 Haßloch
Tel.: 06324/58628
Fax: 06324/58592
(Dachverband für Schlittenhundesport
mit Hunden, die in der Lage sind,
einen Schlitten zu ziehen.
Dabei ist es unerheblich, ob sie einer
Rasse angehören oder nicht, anerkann-
te Abstammungsnachweise der Hunde
sind nicht nötig)

Österreich

Österreichischer Kynologenverband
(ÖKV)
Johann-Teufel-Gasse 8
A-1238 Wien
Tel.: 0222/8887092

Österreichischer Club für Nordische
Hunderassen und Schlittenhunde-
sport (ÖCNHS)
Ruthgasse 25
A-1190 Wien
Tel.: 0222/366309

Schweiz

Schweizerische Kynologische
Gesellschaft (SKG)
Postfach 8217
CH-3001 Bern
Tel.: 031/3015819

Schweizerischer Klub für Nordische
Hunde (SKNH)
Emmengasse 9
CH-4223 Blauen
Tel.: 061/7615457

Literaturhinweise

**Spezialliteratur
über Schlittenhunde**

Fetzer, Carin:
Mein Schlittenhund
Oertel u. Spörer
Reutlingen 1994

Brinks, Rainer:
Schlittenhunde
Franckh-Kosmos
Stuttgart 1996

Rossi-Mura, Piero:
Husky Power
Goldrausch
Schwalbach 1993

Welch, Jim:
Wie trainiere ich Schlittenhunde
Goldrausch, Schwalbach 1990

Schelbert, Heidi/Müller, Ernst:
Schlittenhunde
Müller Rüschlikon
Cham-Stuttgart-Wien 1990

Baumann, Doris:
Nordische Hunde
Ulmer, Stuttgart 1991

Allgemeine Literatur

Feddersen-Petersen, Dorit:
Hundepsychologie
Franckh-Kosmos, Stuttgart 1989[3]

Mugford, Roger:
Hundeerziehung 2000
Kynos, Mürlenbach 1993

Beckmann, Gudrun u. Susanne:
Vom aufrechten Menschen
zum Hundehalter
TG-Verlag u. Beuing
Gießen 1994

Ting, Beate u. Gereon:
Kleine Welpenschule
Romney's Beate Ting GmbH
Bad Münder 1995[3]

Register

Im FALKEN Verlag sind zum Thema „Hunde" u.a. bereits erschienen:
„Agility und andere Hundesportarten" (Nr. 4873)
„Erfolgreiche Hundeerziehung" (Nr. 4808; auch als Video unter der Nr. 6198 erhältlich)
„Hundekrankheiten" (Nr. 1604)　　　　„Mischlingshunde" (Nr. 1511)
„Komm! Sitz! Platz!" (Nr. 1469)　　　　„Neufundländer und Landseer" (Nr. 1644)
„Labrador Retriever" (Nr. 1677)　　　　„Wenn Hunde reden könnten ..." (Nr. 4952)

> Danke an all die Siberian Huskies, die mich seit 1981 – als ich diese Rasse kennen lernte –
> begleitet haben! Ohne sie hätte dieses Buch nicht entstehen können.
> Und danke an die Menschen, die mir geduldig bei der Fertigstellung desselben geholfen haben!

Dieses Buch wurde auf chlorfrei gebleichtem und säurefreiem Papier gedruckt.
Der Text dieses Buches entspricht den Regeln der neuen deutschen Rechtschreibung.

Die Deutsche Bibliothek – CIP-Einheitsaufnahme

Linzenmeier, Dorle:
Siberian Husky : Auswahl – Haltung – Erziehung – Sport / Dorle Linzenmeier. –
Niedernhausen/Ts. : FALKEN, 1997
ISBN 3-8068-1866-5 kart.

ISBN 3 8068 1866 X

Umschlaggestaltung: Peter Udo Pinzer
Layout: David Barclay, Neu-Anspach
Redaktion: Petra Volkmar
Herstellung: Andreas Jacobsen
Titelbild und Umschlagrückseite: Christine Steimer, Wölfersheim
Fotos: Agentur Cogis/Francais: S. 17 re., **Labat:** S. 55, **Lanceau:** S. 17 li., 53, **Lepage:** S. 58, **Vedie:**
S. 74; **Bildagentur IPO,** Linsengericht: S. 69, 70; **Horst Bielfeld,** Jameln: S. 17 M.; **FALKEN Archiv/**
Steimer: S. 78; **Fa. LDR Hundesportartikelversand,** Nonnweiler: S. 52; **Dorle Linzenmeier:** S. 8, 10, 54;
Peter Pinzer: S. 27 (Leine und Halsband wurden freundlicherweise von der Fa. LDR zur Verfügung
gestellt); **Sonja Tillmann,** Salem: S. 81; alle übrigen Fotos: **Christine Steimer,** Wölfersheim
Zeichnungen: Gabriele Hampel, Kelkheim: S. 77, 78; Gerd Ohnesorge, Halle: S. 14, 60

Die Ratschläge in diesem Buch sind von der Autorin und vom Verlag sorgfältig erwogen und geprüft, den-
noch kann eine Garantie nicht übernommen werden. Eine Haftung der Autorin bzw. des Verlags und seiner
Beauftragten für Personen-, Sach- und Vermögensschäden ist ausgeschlossen.

Satz: FALKEN Verlag, Niedernhausen/Ts.
Druck: Druckhaus Cramer, Greven

817 2635 4453 6271